프로바둑강좌 · 완전초급 ③

초보자를 위한 기본기 레슨

7단 影山利郎 지음
프로바둑연구회 편

도서
출판 眞話堂

머 리 말

이 책에서 드디어 대망의 정상적인 바둑판에서 공부하게 된다. 가로19줄, 세로19줄, 계(計) 361 줄의 정식 바둑판을 처음 접할 때, 누구든지 국면이 넓다는 것에 일종의 당황함 같은 것을 느낀다.

입문해서 곧 9 줄판, 13줄판같은 작은 바둑판에 익숙해진 사람들에게 있어서는 거기서 또 어디부터 두기 시작하면 좋을지 주눅이 드는 것과 비슷한 당황함일까.

정식 바둑판에서 두기에 앞서 우선 배워두어야 할 것—그것은 '포석의 기초지식'이며, 작은 바둑판에서 배운 사항들이 계속해서 나올 것이다.

그럼 작은 바둑판에서 배운 포석의 마음가짐, 예를 들면 진지확보에 귀가 유리하다든가, 돌의 배합이라든가, 대치형의 지식 등이 쓸데없는 공부였는가 하면 결코 그렇지 않고, 그것은 그대로 정식 바둑판에서 이용할 수 있다.

다른 점은 한 귀에서 다른 한 귀로의 거리가 멀어졌다는 것, 작은 바둑판에는 없었던 변과 중앙의 가치가 나온 것일 것이다.

전국적인 관련, 항상 전국면을 냉정하게 내다본다고 해도, 그것이야말로 말하기는 쉬워도 행하기는 어려워, 실행 곤난은 당연한 일. 그보다도 포석의 기본을 하나하나 확실히 배워두는 것이다. 이유는 모르지만 능숙한 사람들이 하는 것을 흉내내거나, 정석을 모조리 암기하거나, 그런 안이한 태도로는 향상은 바랄 수 없다.

저자 씀

차 례 *

*차 례

제1장

포석의 기초지식

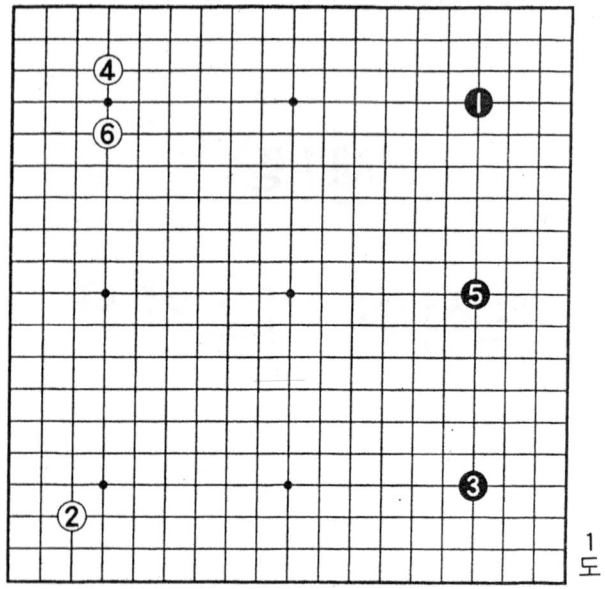

1
도

포석의 요령

1 도

먼저 귀의 선점을. 그것이 흑 1 에서 백 4 까지. 여기까지는 누구나 둔다. 넓은 국면에 똑똑, 그것은 그다지 미덥지 못한 느낌일지도 모른다. 그러나 그것은 상대에게도 같은 말을 할 수 있으며, 자신만이 미덥지 않은 것이 아니다.

흑은 5 로 변으로 (흑 5 는 큰곳이라 불리는 곳이다) 두어 '세력의 확장'에 중점을 둔다.

백 6 은 굳힘이라 부르며, 착실하게 한 귀를 확보하려는 수이다. 이런 포석은 항상 볼 수 있다.

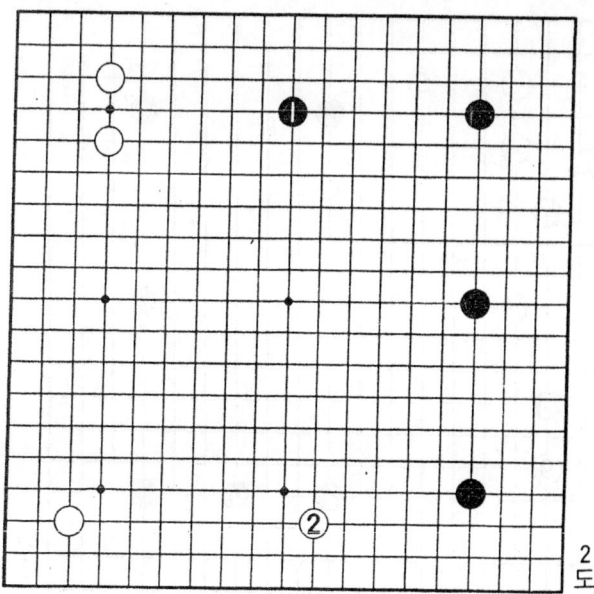

2
도

2 도

전도에 이어 이야기를 계속하자.

흑1. 상변의 큰 곳을 차지, 역시 세력 확장이다.

백2. 백도 지지않으려고 하변의 큰곳으로. 이미 배운 포석의 기본선. 3 선상, 4 선상 (판끝에서 세어)으로의 착수.

서로 단단히 지키고 있다.

그렇다고 해도 왜 이렇게 세력권의 확장을 서두르는 것일까?

바둑의 결론은 무엇보다도 집이 많은 쪽이 승리. 그 원칙 하에서 좀더 착실하게 집을 따고, 진을 치는 쪽이 좋을 것으로도 생각할 것이다.

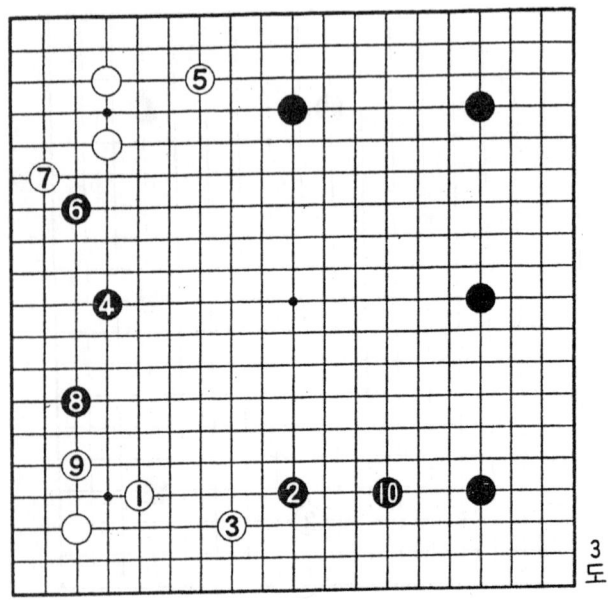

3
도

3도

전도 백 2 의 큰곳을 본도 백 1 의 굳힘으로 바꾸어 흑2
이하 흑10 까지의 진행은 분명 백의 실리작전이다.

백의 착수는 모두 '집'을 지향하고 있다. '돌의 배합'
이라는 관점에서도 모두 수긍이 갈 것이다.

그렇지만 이 포석은 백을 대세로 몰고 있다. 강한 사람
이 보면 그런 결론을 내리기에 주저않을 것이다.

백 견실이 지나쳐 대국관을 놓치고 있다. 앞으로의 싸움
은 싫어도 흑의 세력권내에서 시작될 것이다. 그것은 백고
전을 의미하는 것이다.

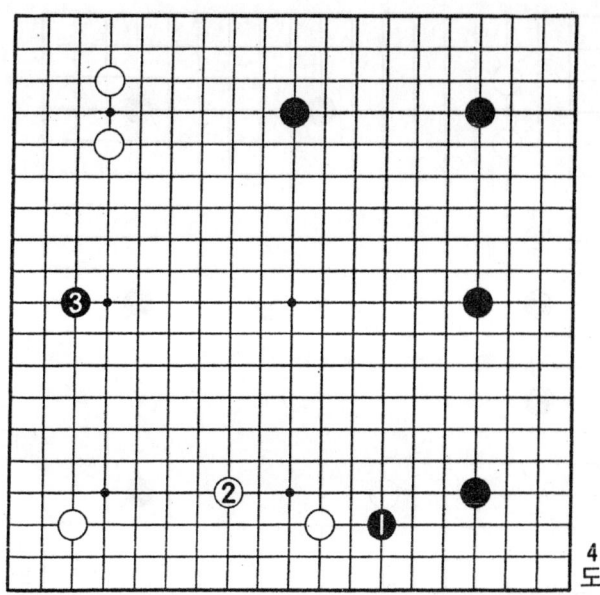

4도

4도

그럼, 2도에 이은 포석을 보자.

흑1. '메워벌림'이라 부른다.

상대에게 메워 다가감과 함께 자기의 벌림을 겸한 좋은 수이다.

백2. 수비이다.

흑3. '끼어듦'이라 부르는 수.

끼어듦의 의미가 되는 곳—그것은 무엇일까. 우선,

흑3을 다른데로 두면 백3이 백의 세력권 확립에 크게 공헌할 것이다. 흑3을 백3으로 바꾸어 놓아 보자. 좌방 일대가 백일색. 흑에 있어서 언짢은 느낌이다.

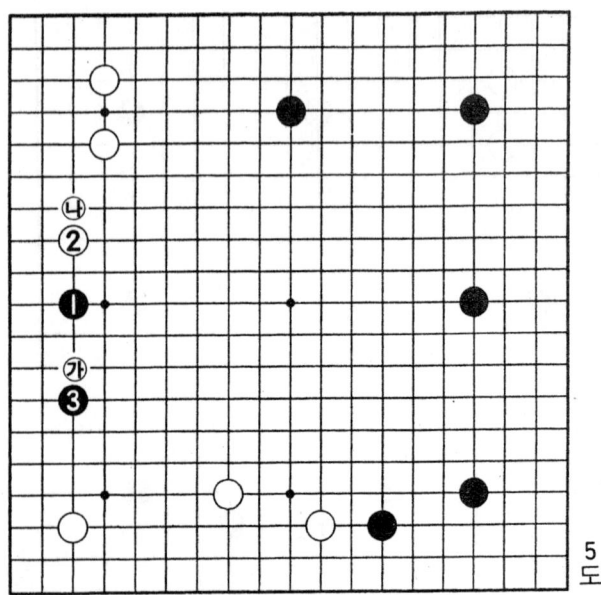

5
도

5도

　흑1의 끼어듦의 의미는 이어서 백2로 메워가면 흑3
의 두 칸 벌림으로 근거를 얻을 수 있다. 그 백2를 백가
의 반대쪽에서 메워오면 흑나로 이번에는 위쪽으로 두칸
벌림이 가능하다. 말하자면 좌방면 백세력권내에서 백이
어느쪽에서 메워오더라도 두 칸으로 벌려 근거를 얻을 수
있는 잇점을 본 것이 흑1의 끼어듦이었다.

　그 기본개념을 잊고, 백2에 대해 흑 다른데로 두고, 백
가로 상하에서 메워가게 하면 얼마 안돼 흑1은 근거를 잃
고 백에게 절호의 공격목표가 되어 흑은 산지(散地) 방황
이 부득이 하다.

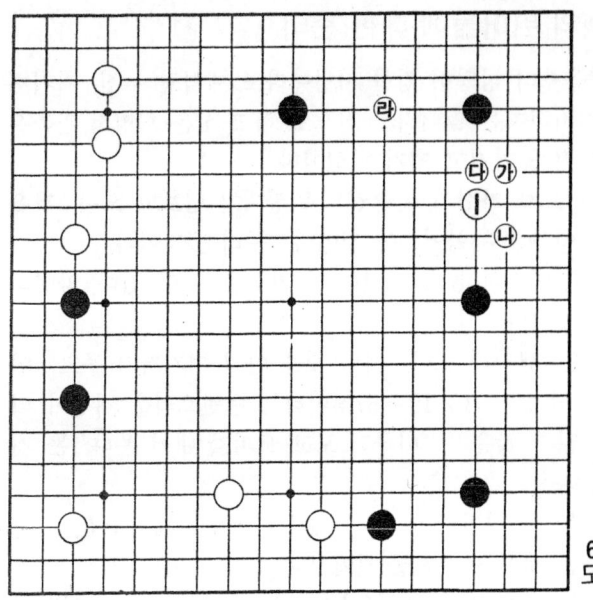

6도

6도

전도에 이어 백1로 슬슬 혹의 세력권으로 뛰어들어 온
다. 그런 곳으로 다가오지 말라고 말해도 그렇게는 안된
다. 한눈 팔고 있다. 우방 일대 혹집이 되면 백 낙패(樂
敗)가 되어버리기 때문이다. 그 뛰어듦은 백1에 한정된
것은 아닐 것이다. 백가, 백나, 백다 등 어디로 올지는
모르며, 혹은 백라로 상방면으로 들어올지도 모른다. 그
수단은 백의 뜻에 맡길 수 밖에 없고, 이 한 수로 예측할
수는 없다.

문제는 그 백의 난입에 대한 혹의 마음가짐. 이것이 중
요하다.

백의 뛰어듦에 대한 준비

처음부터 상당히 강한 사람이라도 세력권 ＝ 집. 거기까지 철저하지는 않더라도 집으로 하고 싶은 희망적 관측은 많든 적든 가지고 있기 마련이다.

그러므로 자신의 세력권으로 상대가 넘보고 오는 것을 필요 이상으로 싫어하는 것이다. 두려운 것이다.

6 도 백 1 의 돌을 도저히 딸 자신은 없고, 졌다, 약했다, 그런 것이다.

첫째, 생각해 보라. 이런 것을 아직 여기저기 두고 있는데, 우방면 $3 \times 19 = 57$집이라는 뻔뻔스러운 계산이 나올리 없지 않은가. '너구리 보고 모피값 내어 쓴다' 는 것과 같다.

세력권 ＝ 집이란 있을 수 없는 공식을 세워두면, 바둑을 두는 것이 두려워질 것이다.

즐거워야할 바둑이 처음부터 인상을 찌푸리고, 생각대로 되지 않는 조급함으로 자기혐오로까지 빠져서는 안된다.

세력권은 어디까지나 세력권이며 상대가 그 세력권으로 다가오면 이것을 절호의 공격목표로서 어떻게 쳐들어가는가, 주도권은 물론 내게 있고 '어떻게 다가올까' 하는 정도이다.

'집을 갖고 싶다' 면 보잘것 없지만 이것만이라도 하지 않으면 와 준 쪽이 어느정도 즐거운지 알 수 없다. 뛰어들어오면, 저런 기쁜 일이, 하고 여기게 되지 않으면.

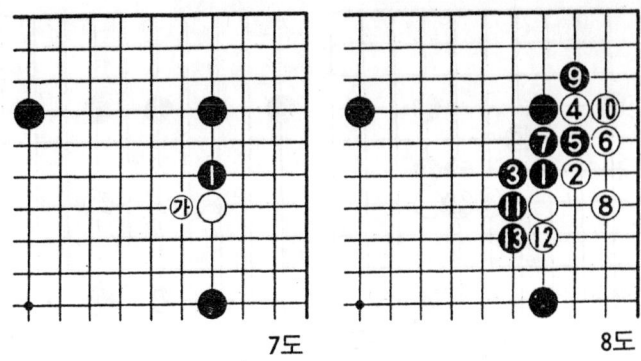

7도   8도

7도

그럼 마음가짐의 자세는 알았다고 하고, 다시 문제가 되는 것은 백의 난입에 어떻게 대치하느냐, 그것이다.

초급자의 대다수는 흑1로 붙여 접촉전으로 끌어가고 싶어하는 것 같다.

그 심리는 백을 해치우고 싶다. 해치우려면 흑1에서 흑가로, 하는 식으로 혼자서 계속해서 두는 것같은 그런 심리가 되는 것일까.

접촉전의 마음가짐의 하나는 붙여가면 자신도 단단해지지만, 상대도 단단해진다는 것이다.

8도

그 진의를 파악한 뒤에 흑1 이하 흑13까지와 같은 정석을 두었다고 하면, 그것은 흑 외세를 얻고, 백 실리를 얻는다는 갈림으로 흑이 잘 두었다고 말할 수 없는 것은 아니다.

그렇지만 백을 해치우고 싶은 심리에서 흑1로 두었다면 이 결과는 흑에게 크게 불만일 것이다.

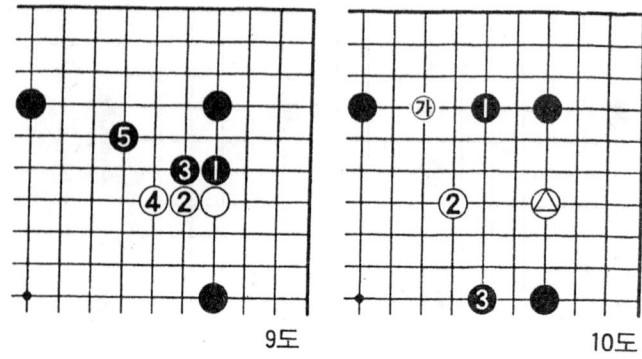

9도　　　　　　　　　　10도

　9도

　흑1의 붙임에 백2와 같은 수로 둘지도 모른다. 전도가 정석이라 해서 도장으로 찍은듯이 상대가 정석대로 두어준다고는 할 수 없다. 오히려 반대로 이쪽의 생각밖의 수로 오게끔 정해져 있을 정도이다. 상대가 어떻게 두든 정확하게 응하기 위해서는 역시 자신을 가지고 강한 수로 두지 않으면 안된다.

　흑3에서 흑5로 백의 돌을 단단하게 하여도 흑은 상방에 호진(好陣)을 자랑으로 여긴다. 그런 생각이라면 이것도 허용될 것이다.

　그러나 백을 단단하게 하지 말라. 어디까지나 공격목표로 한 것이라면——

　10도

　흑1로 준비하는 것이 냉정한 방법이다. 이것은 백△을 무시한 듯한 대단히 얼빠진 방법이라고도 받아들일 수 있다. 그렇지만 그렇지 않다.

　백2로 도망치면 흑3으로 추격. 흑은 상변중시의 흑가. 차분히 간다.

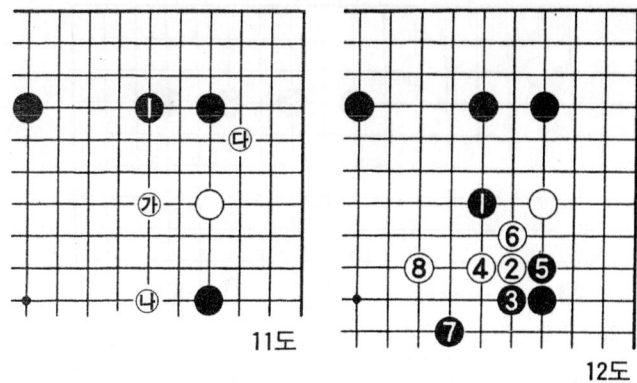

11도

12도

11도

혹1 등으로 얼빠진 짓을 하고 있으면 백에게 다른 곳으로 두게 하지 않을까.

그런 걱정이 있을지도 모른다.

그렇지만 그것은 이어서 혹가. 그래도 백이 다른데로 간다면 혹나 혹은 혹다 라는 식으로, 소위 비단으로 부드럽게 감싸는 듯한 그런 공격법이 이치에 들어맞는다.

그것을 붙여 매섭게 해오면 누구라도 반발하여 응전해 온다, 그러는 중에 이쪽이 잘못되어 이유를 알 수 없게 되는 것이다.

12도

그러나 아무리 둔감해도 혹1로 머리에서 눌러 가면 탈출구를 찾아 백2로 도망칠 것이다.

혹은 백이 도망친다고 곤란해 해서는 안된다. 오히려 백이 도망칠 것을 기대해야 한다.

혹3 이하 혹7로 쾌조의 공격에서 상방, 하방 모두 혹 양호.

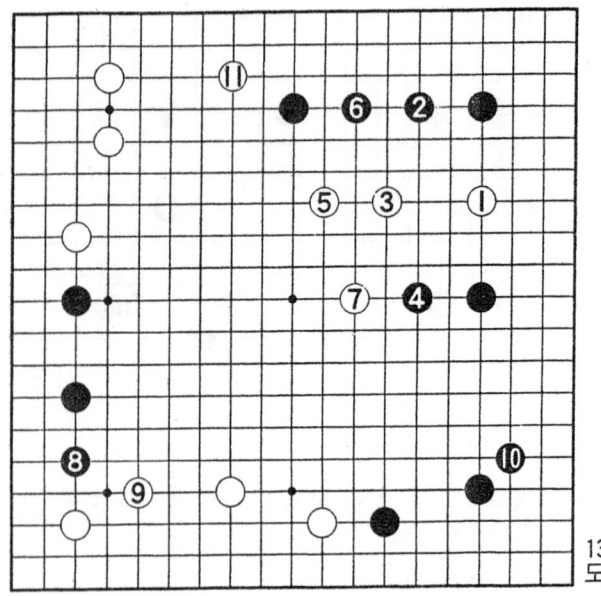

13
도

13도

6도에 이은 양군의 착수 진행 태세를 살펴보자.

흑6 ∼ 흑10. 쌍방의 착수 하나하나는 모두 자군의 수비를 굳건히 하는 수로, 백11의 벌림에서 포석 단계는 종료.

이제부터 중반으로 이행한다. 여기까지에서 눈에 띠는 점은,

쌍방 수비를 단단히 한 포석이라는 것.

돌의 접촉이 전혀 없는 포석이었다는 것. 이상의 두가지이다.

이것은 프로급의 포석이다.

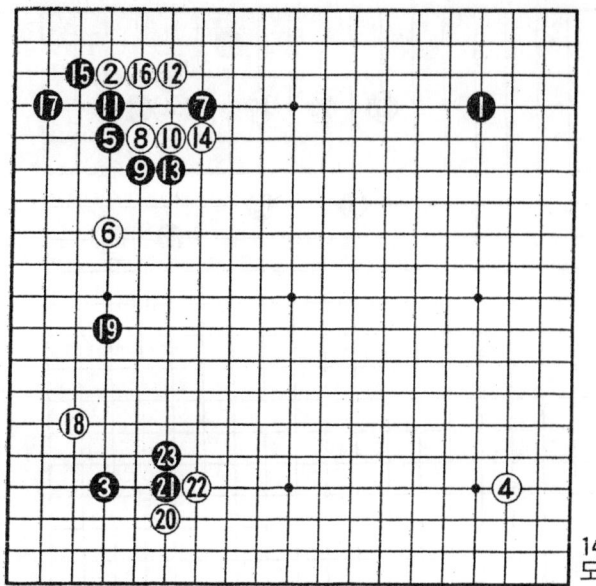

14
도

프로의 포석

14도

이것은 프로의 포석이다. 전례와는 일변하여 접촉전에
이은 접촉전이며, 서로 수비를 단단히 하는 방법과는 거
리가 멀다.

전례와는 다른 바둑이다. 그래도 이 두가지 예는 모두
훌륭한 포석이다.

그것은 지키는 바둑이든, 싸움의 바둑이든 어느쪽이라
도 나쁜수가 없으면 훌륭한 바둑이라는 것으로 돌이 접촉
한다, 하지 않는다는 것은 훌륭하든, 형편없든 관계없다
는 것이다.

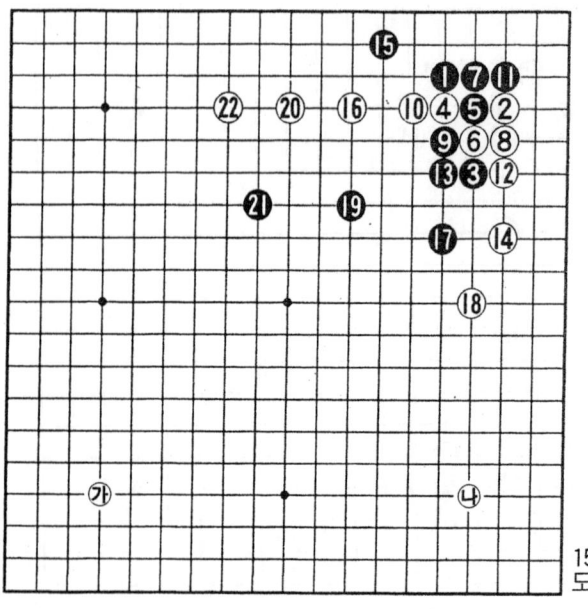

15
도

15도

이 포석을 보라. 이것도 포석이라면 포석으로, 아니면 포석없는 싸움의 바둑이라고 할까.

접촉전의 삼엄함을 볼 수 있다. 접촉전이란 상대를 단단히 하지만 자기도 단단해진다. 그것만이 아닌 접촉전도 있다는 것을 증명하고 있다. 이것도 프로의 바둑이다. 틈이 있다면 사실은 가 와 나 의 빈 귀를 서로 먼저 차지하고 싶은 것이다. 그렇지만 그 틈이 없다. 예를 들면, 백20을 생략하면 흑 그 점으로, 흑21 생략하면 백 그 한길 오른쪽으로, 백22 생략하면 흑 그 점으로 두는 것이 모두 어디로 두는 것보다 삼엄하다.

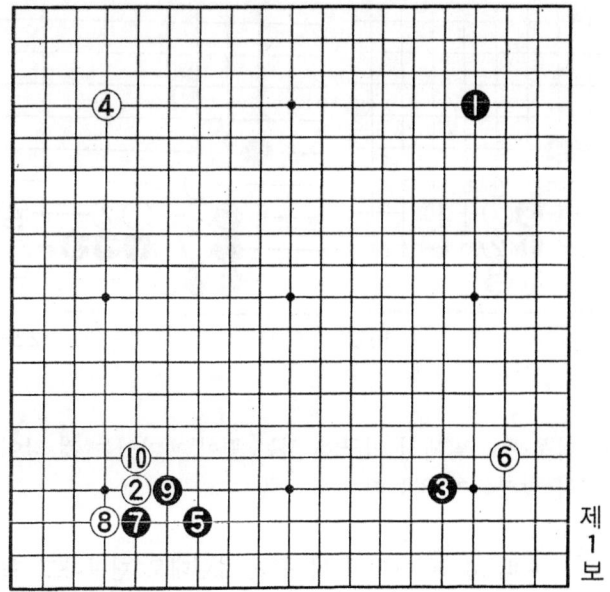

제
1
보

아마츄어의 실전에서

靑木 敦 (5급) 백

影山雄吾 (10급) 흑

이번에는 상급이 아닌 포석도 살펴보자. 이 양자는 5급차이며, 본래 핸디 5점을 놓고 그것을 시작으로 두어본 것이다.

靑木군은 나의 어릴적부터의 친구로 거의 40년을 지낸 사이. 이것은 본시리즈를 위해 특별히 기고를 부탁하여 협력을 받았다.

雄吾은 내 둘째아들로 좀 열심히 해 주어 곧 강해졌으

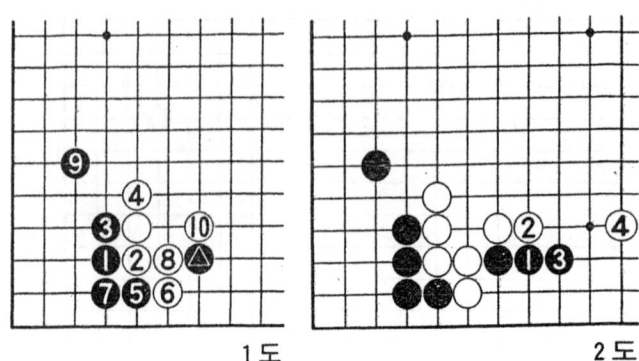

1 도   2 도

나, 아무래도 밖에서 야구를 하는 편이 재미있는 것 같아 좀처럼 향상되지 않는다.

제 1 보

흑 1 ～ 백 10. 너그러이 봐 주면 그런대로 괜찮다고 할까.

흑 7 의 접촉전 개시에 양자 양보 않고 응전은 보통이다. 단, 흑 7 은,

1 도

흑 1 이하 흑 9 까지 귀의 실리를 먹어버리는 방법이 좋은 방법이었다.

동도에서 백 10 일 때 흑●는 버리는 돌이다. 이것을 구출하려고——

2 도

흑 1 로 도망치면 백 2 의 추격. 그리고 4 등의 백의 공격에 흑 고전을 면치 못한다.

제 1 보 흑 9 에서는 2 의 한길 왼쪽으로 어슷자르는 수도 있었으나, 그 후의 변화가 어렵다.

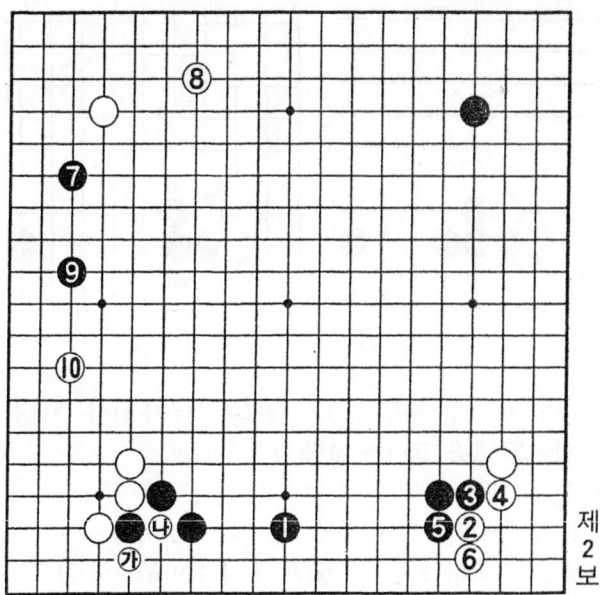

제
2
보

제 2 보

혹 1 은 혹가 의 곳을 두지 않으면 혹의 모양이 무너진
다.

혹 3, 백 4 의 교환은 백의 모양을 다지게 하므로 혹은
두지 않는 편이 좋다.

혹 7 은 좌변 9 의 한길 아래로 가르는 수도 있다. 혹 7
도 있다.

백 8 에서 좌변으로 협격(挾擊)하는 수도 있다. 백 8 의
방법도 있다.

혹 9 의 두 칸 벌림은 당연하지만 좋은 곳이다.

백 10 은 백가 로 대야하며, 그 때 혹나 로 잇는 것은 소

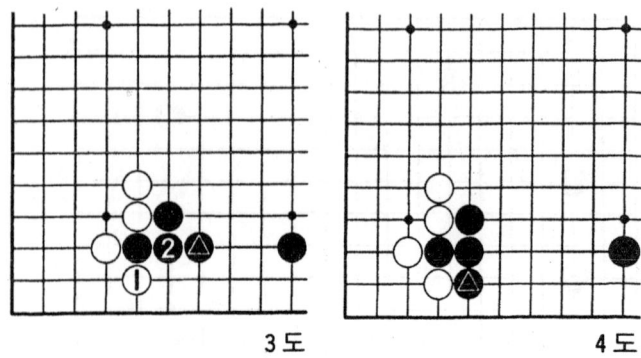

3 도   4 도

용없으며, 이으면 혹의 모양은 나쁘다. 백가에서 백나
로 빼앗겨도 혹은 도리가 없다.

　3 도
　백 1 의 댐에 혹 2 의 이음이 왜 그리 나쁜 것일까.
　그것은 이 혹의 모양, 혹● 의 위치가 아무데도 쓸모없
는 곳에 있다는 것이다.
　그것은 같은 모양에서도 혹● 을——

　4 도
　혹● 로 바꾸어 놓아 보면 그 좋고 나쁨이 분명해진다.
　이쪽, 혹의 모양은 백에게 밀착하여 정해져 있는 느낌
이 든다.
　즉, 3 도 혹● 는 4 도와 비교하여 보면 무용의 돌에 가
까운 것을 알 수 있을 것이다.
　그러므로 보(譜)의 백가의 댐이라면 혹 다른데로 두고,
백나로 따면 또 혹 다른데로 두고, 그 주위의 2, 3 점은
혹 버리는 편이 좋다.
　그렇지만 이것은 좀처럼 이해하기 힘들지도 모른다.
　요는 혹가냐, 백가냐, 쟁점은 그 한 점에 있다.

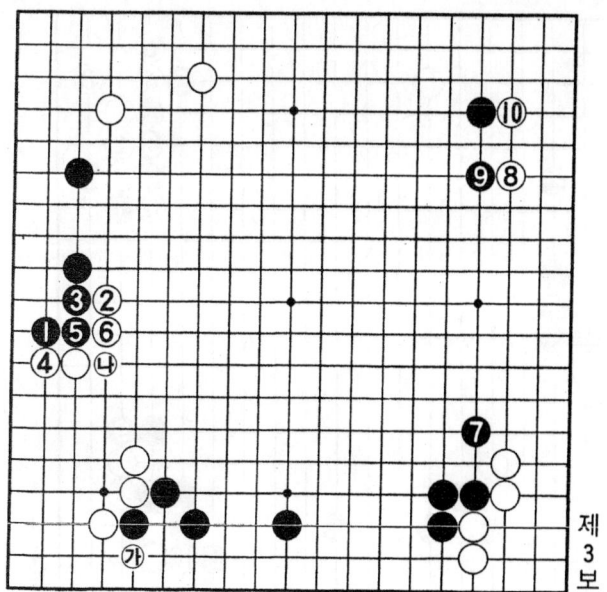

제
3
보

제 3 보

혹1로 이런 2선상으로 포석시대에 두는 일은 없다. 같은 2선상이라도 혹가 의 이곳과는 비교가 안된다.

혹1, 백2, 혹3으로 모두 의문. 또 혹7의 전전(轉戰)도 수긍할 수 없고, 백8의 전전도 이상하다.

혹7에서는 어떻게 되든 혹나로 끊는 한 수이며, 그런 기세가 필요하다.

이렇게 보면 서로 어디보다도 서둘러야할 가의 점과 나의 점을 간과하여 두고 있다. 이런 곳을 훌륭한 포석이라고는 할 수 없다.

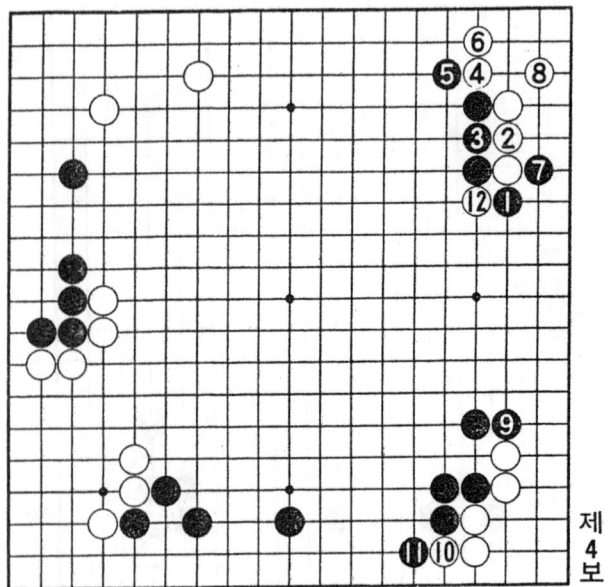

제 4 보

제 4 보

혹 1 은 혹 2 로 끼어드는 것이 엄한 수로 백 곤란한 곳일 것이다.

백 2 는 백 3 으로 끼어들어야 한다. 이곳은 끼어드느냐, 끼어들어오게 하느냐로 명암이 갈리는 곳이다.

혹 3 이하 백 8 까지는 이의 없다.

그렇지만 이곳을 두고 싶은 마음은 잘 알 수 있으나 12 의 점, 그 이음을 혹은 두지 않으면 안된다.

백 12 의 끊음은 훌륭하다. 맞아치는 혹의 고전은 필사일 것이다.

여기서부터 중반전으로 들어가므로 이 이후의 수순은 생략하는데, 실전은 백 중압승(中押勝)이었다.

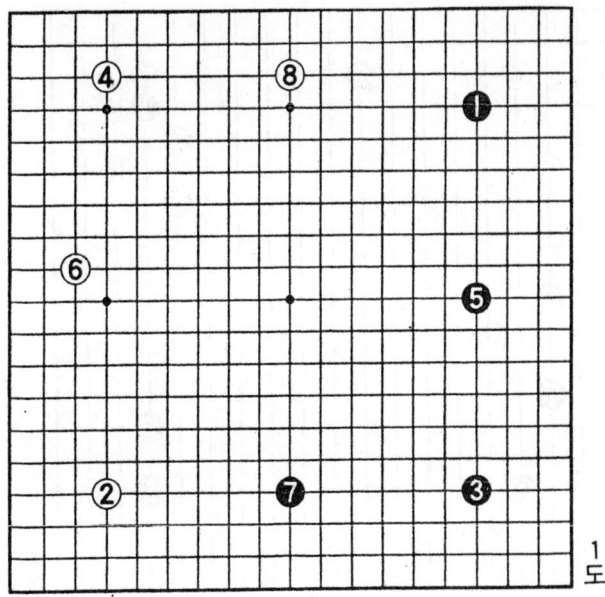

1
도

초급자의 불안

1도

초급자중에 이런 사람이 있었다. '이대로의 포석이 아니라도 혹 세력 대 백 세력으로 대항하는 혹 1 이하 백 8 까지의 포석은 아무래도 마음이 내키지 않는다. 혹의 세력권에는 백이 들어와 날뛰게 되며, 백의 세력권으로 어리석게 들어 가면 맹공격으로 먹혀 버린다. 어리석기 때문이라고 하면 그뿐이지만, 어쩌면 좀 마음놓을 수 있는 포석은 없을까'

이 심리는 더 강해져도 변함없으며, 자신보다 강하다고 잘 알고 있는 상대와 둘 때, 이런 초급자의 심리와 다름없는 상태가 되는 일이 많다.

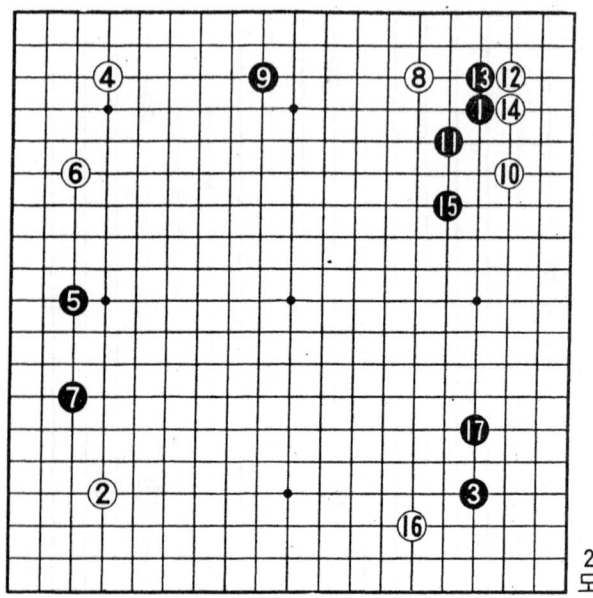

2
도

2 도

세력권을 만드는 것도 싫고, 또 상대에게 만들게 하는 것도 싫고—그렇다면 그 싫은 포석이 되지 않게 하는 궁리를 하면 된다.

흑5 가름.　흑9 가름.

이러한 수를 급무로서 빨리 해나가면 된다. 그리고 어떻게 해서든 상대의 세력증대만은 피하는 포석으로 끌어간다.

이것이라면 1도와 같은 꺼림직함은 없을 것이다. 남은 뭐라고 하든 좋다. 자신이 마음놓을 수 있는 포석, 자기나름대로 이해할 수 있는 포석, 그것을 궁리하는 것도 즐거운 일이다.

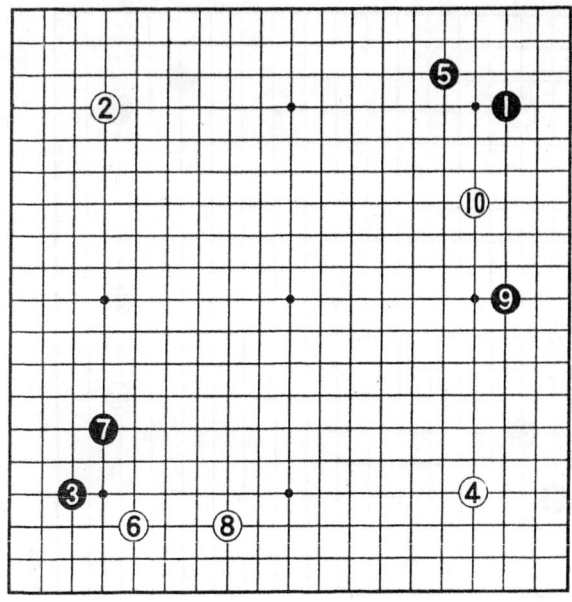

3 도

3 도

초급자중 이런 사람도 있었다. '이대로는 아니지만 가령 흑9까지의 우상방의 흑세력권. 이러한 것을 흑이 만들면 재빨리 백10으로 뛰어들어 온다. 이러한 때는 어떻게 공격하면 좋을까?'

어쨌든 조금 벌려 준비하면 바로 뛰어들어 온다는 엄한 수를 좋아하는 사람이 많이 있다.

이 도의 백10 등은 엄하다기 보다 흑집이 크게 보이는 '안절부절형'이라는 류이다. 흑집을 망가뜨리기만 하면 된다고 생각하고 있는 백10. 그것을 건드리려면?

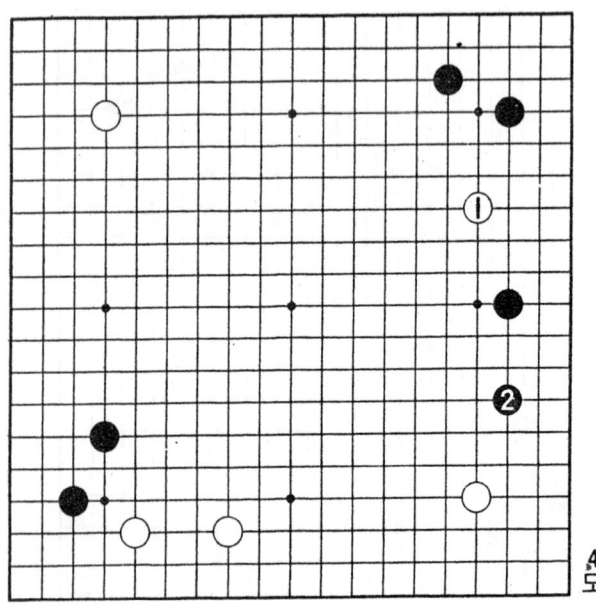

4
도

4 도

백 1 에 대해 흑은 필시 아주 엄한 응접을 해야 한다고
기대하였을지도 모른다. 그렇지만, 사실은——

흑 2. 이것이 안정된 좋은 수였다.

이것은 마치 백 1 을 무시한 방법으로 보인다. 그러므로
정말로 좋은 것일까?

흑 우상귀, 날일자 굳힘으로 좋다. 흑 우변, 두 칸 벌
림으로 좋다. 모두 확실하게 근거를 가진 견루(堅壘, 굳
은 보루)이다. 마주하는 백 1 은 근거가 없는, 어쩌면 공격
목표가 될 돌이다. 그러므로 흑 이것으로 좋은 결론이다.

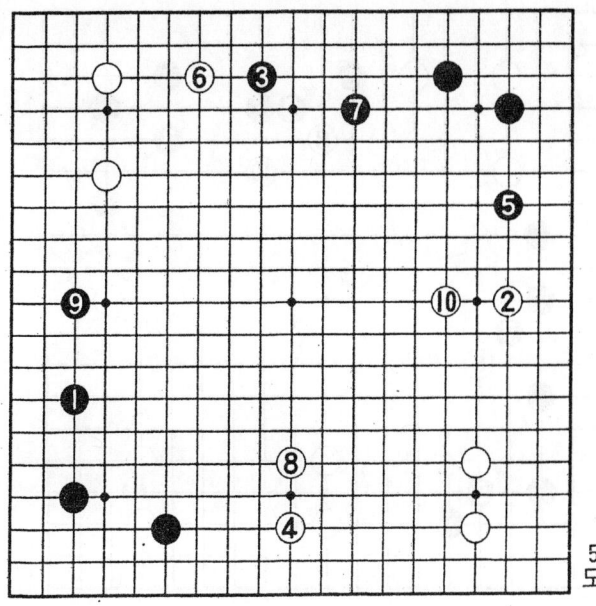

5
도

5도

이러한 초급자도 있었다.

'똑같은 것을 하는데 상대편이 이쪽보다 훨씬 좋아진 포
석이 있다. 어디서 그런 차가 생긴 것인지 알 수 없다'

그것은 포석 구상의 차에 의해 생기는 일도 있다. 일예
로서 이 도를——

각귀마다 다른 배합의 굳힘으로 흑1 이하 백10까지 흑
은 기본선상(3, 4선)에서 돌의 배합에 비중을 둔 포석
이다. 백은 백2, 4로 큰곳으로 같은 짝이라도 한복판을
목표로 뛰고 있다.

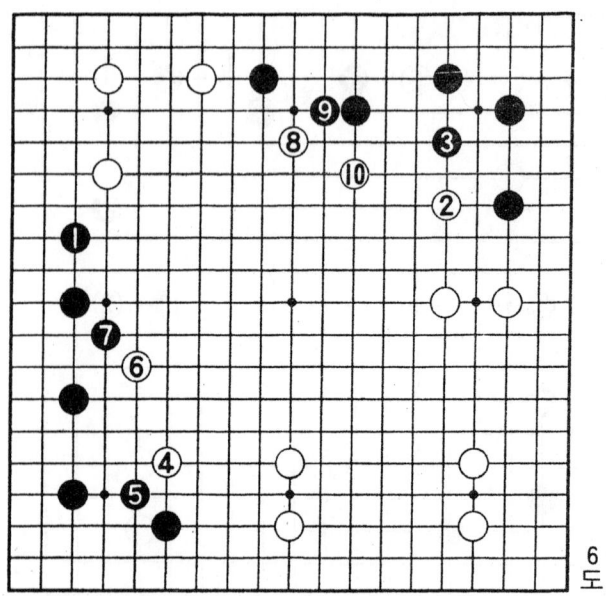

6
도

6 도

전도에서 얼마 안돼 백은 한복판으로 대세력을 펼쳤다. 호각의 역량으로는 이것은 백의 필승세라 할 것이다.

어떻게 이와 같은 차가 생겼는지 생각해 보자. '반성없는 사람들에게는 진보는 없다' 이다.

5도의 흑의 방법은 너무 딱딱하다. 게다가 한복판을 지향할 의지가 미흡하다. 적어도 흑1, 7, 9의 3착에는 의문이 던져진다.

마주한 백2, 4의 큰곳에서 백8, 백10으로 한복판을 목표로 한 입체 감각의 포석법은 훌륭하다고 할 수 밖에 없다.

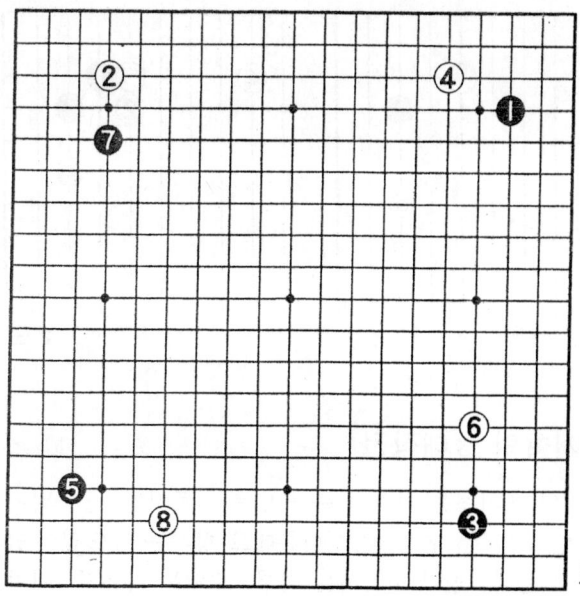

7
도

7 도

전례와 같이 포석에서 중반으로의 구상의 차가 승부의 분기점이 되는 일도 있고, 또 국부(局部)의 전투력의 차가 일국을 좌우하는 일도 드물지는 않다.

전례에는 각귀마다 굳힘을 허용하였으나 본도에서는 그와 반대로 각귀가 서로 대치하는 이런 포석도 있다.

우상귀가 날일자 대치

우하귀가 두 칸 대치

좌하귀가 눈목자 대치

좌상귀가 한 칸 대치

대치형은 이상의 4 종이다.

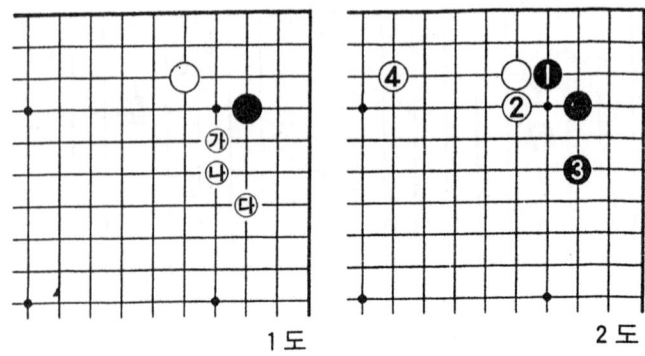

1 도   2 도

대치형의 3 대작전

4종의 대치형은 각각 두는 수단은 다르지만 공통되어 있는 방식으로서 손을 빼고 다른데로 향하는 일도 많이 있을 수 있는데, 일단 선착하는 작전으로서는 다음의 세가지를 들 수 있다.

1. 준비
2. 접촉
3. 협공

이 모두를 이해하려 한다면 그것은 정석에 관한 이야기가 되며, 그 정석의 종류는 몇만이라는 거대한 것이 되는만큼 여기서는 도저히 이야기할 수 없고, 따라서 그 요점이 되는 두, 세가지 예로 그치지 않을 수 없다.

1 도

날일자 대치의 경우에 한해서 이야기 하자. 먼저——

1. 준비작전

흑가의 마늘모, 흑나의 날일자, 흑다의 두 칸 벌림, 이 3종으로 한정되어 있다.

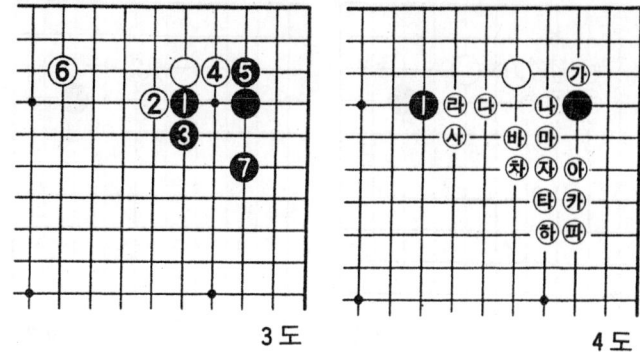

3 도   4 도

2. 접촉작전

접촉하는 곳은 이 경우는 두군데밖에 없다. 그 하나는—

2 도

흑 1 의 마늘모 붙임이다.

백 2 는 거의 이 한수로 되는 세움. 이것을 생략하면 흑 2 의 점이 큰 급소가 된다.

흑 3 으로 두어 귀에 약 10집의 집을 얻는다.

그렇지만 백 4 가 옛날부터 백의 이상형으로 여기는 '2 립 3 석(벌림의 뜻)'이 되어 흑 불만스러워하므로 흑 1 의 마늘모 붙임은 주변의 상황을 보고 두는 특수수단이 되고 있다.

3 도

또 하나 흑 1 의 붙임이다. 이것은 백 2 이하 흑 7 까지가 정석이 되고 있다.

3. 협공작전

날일자 대치에 있어서는 이 협공하는 작전이 가장 많이 이용된다.

4 도

흑 1 의 두 칸 높은 협공을 유행시키기에 이르렀다.

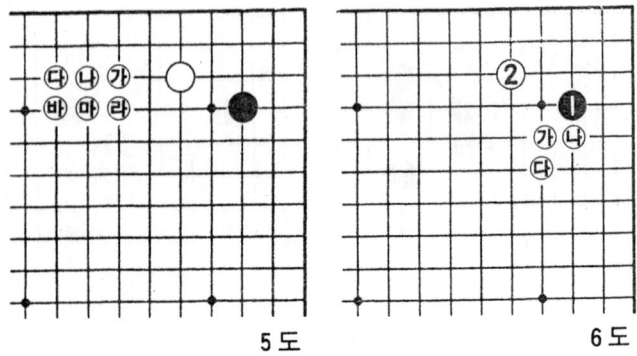

5 도   6 도

이에 대한 백의 응전만도 백가 에서 백하 까지 실제로 14종류.

5 도

혹가 에서 혹바 까지 6 종의 협공이 있으며 4선상의 협공을 높은 협공이라 부른다. 엄한 협공은 혹가, 혹라 의 한 칸으로 완만한 협공은 혹다, 혹바 의 세 칸인데 어느 것이 최선인가는 현재 불명이다.

6 도

혹1 은 소목(위치의 호칭)

백2 는 외목(마찬가지로 위치의 호칭)

소목의 장점은 귀의 집을 얻는 데 강하다는 것 (2 도, 3 도와 같다).

외목은 그 소목과 전혀 상반되는 장점, 단점이 된다는 것이다.

예를 들면 혹1 은 백2 에 대해 한 번에 압박을 가하는 수단은 없다. 그런데──

백은 기회가 있으면 백가, 혹나, 백다 로 혹을 압박해 갈 것이 가능하다.

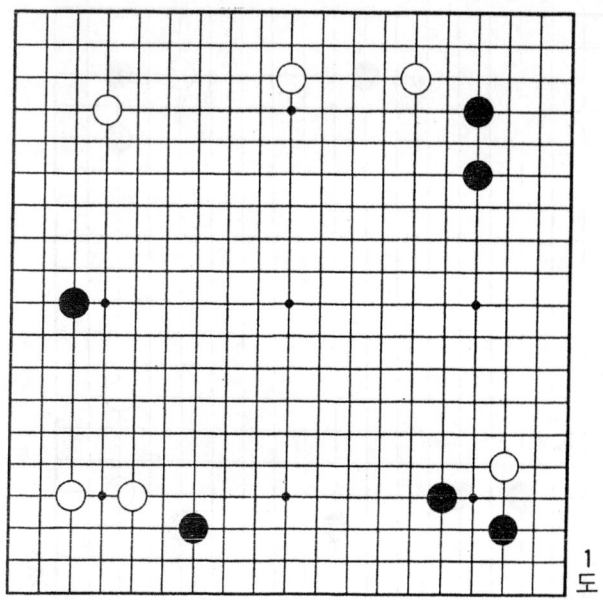

1도

포석의 문제

문제를 푸는 재미를 맛보면서 포석의 기초를 이해해 가려는 취향이다. 힌트도 충분하다.

1도 (제1문)

흑선. 다음의 한 수는 어디일까?

제1힌트. 초점은 우변 방면이나 하변 방면으로 좁혀진다.

제2힌트. 백이 가장 두고 싶어하는 곳. '적의 급소는 나의 급소'이다.

제3힌트. 흑의 그 수는 전개와 ○○○을 겸한 '일석이조'의 호수가 된다.

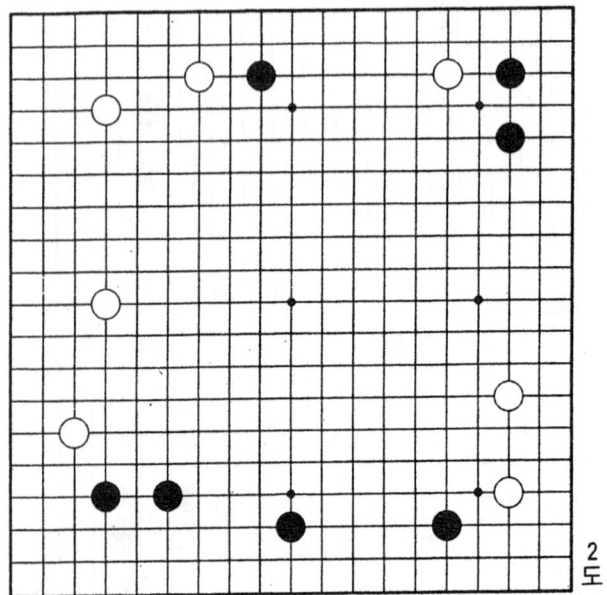

2도

2도(제2문)

혹선. 다음의 한 수는?

제1힌트. 초점은 상변이나 아니면 하변의 지킴, 또는 좌변의 백으로의 난입?

제2힌트. 이 또한 백이 두고 싶어하는 곳. 급소는 바로 그 한 점에 있다.

제3힌트. 앞 문제와 비슷한 문제인데 이쪽이 가장 절실한 의미가 있다.

이렇게 아직 돌이 뿔뿔이 흩어져 있는 정도로 밖에 두지 않았어도 다음은 이 한 수라고 할 것이 있다.

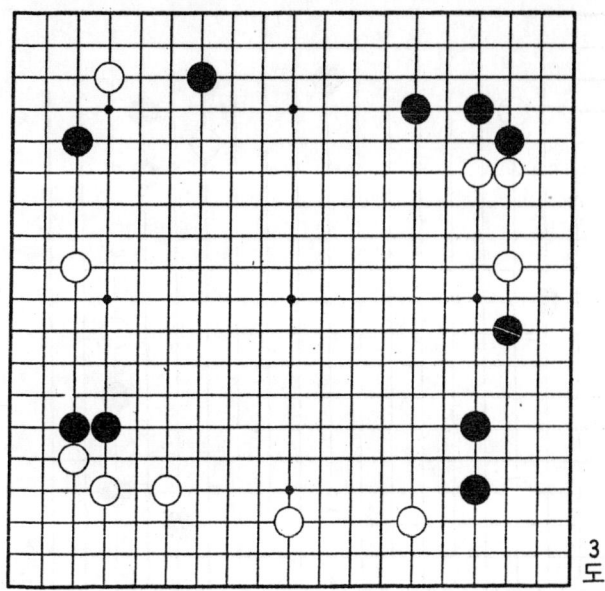

3
도

3 도(제 3 문)

흑선. 다음의 한 수는?

제 1 힌트. 초점은 상변 방면이나 좌변 방면, 아니면 좌 상귀.

제 2 힌트. 이것도 '적의 급소는 나의 급소'로 목표는 한 점으로 좁혀지지만 그 적대한 백이 두는 곳이 어디일 지 알 수 없다면 정해는 곤란할 것이다.

제 3 힌트. 앞 문제, 그 앞 문제와 같은 문제는 아니다. '바둑'——이 자(字)를 추시하면 답이 나오지 않을까.

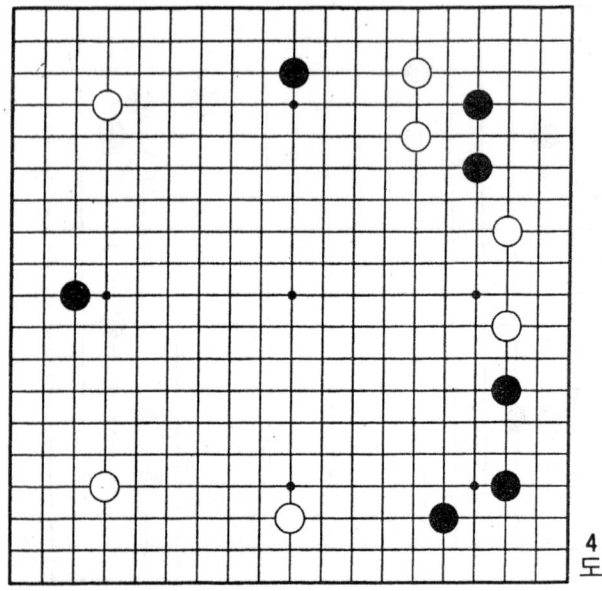

4도(제4문)

흑선. 다음의 한 수는?

제1힌트. 초점은 상방면. 호점이 두 군데 집을 만들면 우수하며, 그 어느 쪽이냐, 어느 쪽이 가치가 높은가 하는 문제이다.

제2힌트. 가치판단은 어렵다. 거듭 적의 급소가 나의 급소. 백이 제일 두고 싶어하는 곳, 그곳은 흑이 두어도 급소이다.

제3힌트. 앞 문제가 정해라면 이것은 그 응용문제에 불과하다. 앞 문제의 맞고, 틀림이 본문의 맞고 틀림을 결정지을 것이다.

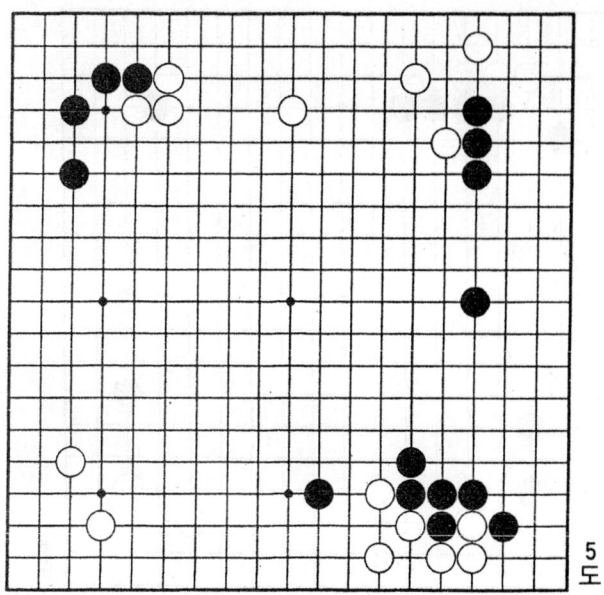

5도

5도(제5문)

흑선. 다음의 한 수는?

제1힌트. 초점은 좌방면과 하방면이 아직 넓은 것 같은데 역시⋯⋯.

제2힌트. 거듭 백이 두어도, 흑이 두어도 좋은 급소의 한 점이다.

제3힌트. 큰 곳과 벌림보다 더 중요한 곳이 있다.

'큰 곳' 보다도 '급한 곳' 이다.

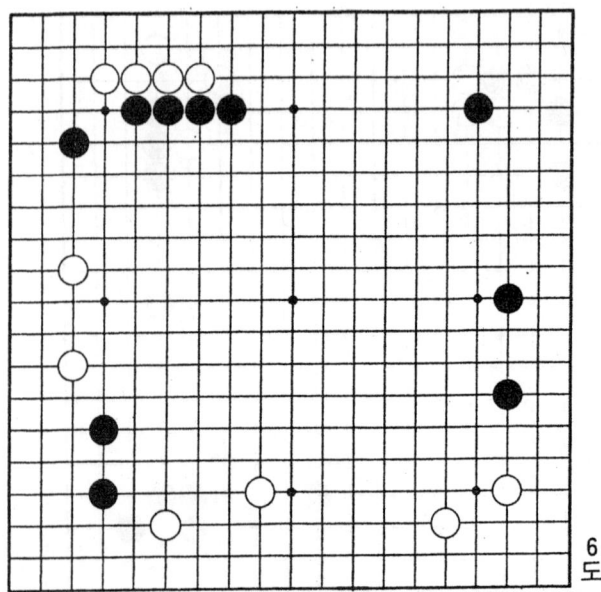

6
도

6도(제6문)

흑선. 다음의 한 수는?

제1힌트. 초점은 상변 방면이냐, 아니면 하변으로의 뛰어듦이냐, 아니면 좌하귀의 흑을 얼마라도 보강하느냐의 세 가지 중······.

제2힌트. 이런 곳은 언뜻 보고도 이 한 수라고 직감적으로 느끼지 못하면······.

늦추지 않는 수를.

제3힌트. 흑이 두는 이 한 수를 능숙한 사람들은 '천량○○○'라 부르고 있는데······.

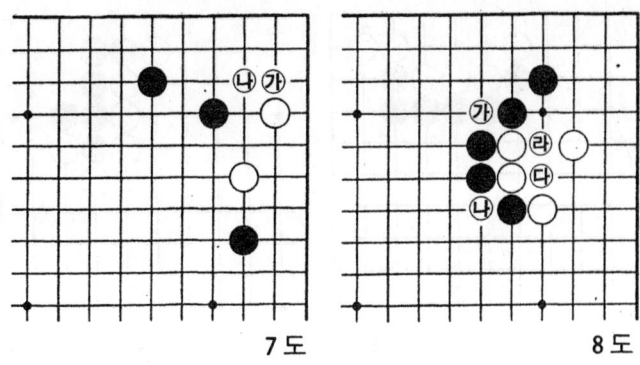

7 도   8 도

7 도(제 7 문)

나머지 네 문제는 귀의 부분적인 문제로 하였다.

흑선. 다음의 한 수는?

제 1 힌트. 피차(彼我)의 근거에 관한 이 한 수로 가느냐, 또는 봉쇄하여 강벽을 만드느냐, 주변의 상황에 따라서는 어느 작전이 좋은지 결정내리기 어렵다. 그렇지만 이 부분에 한해서 말하면 그것은 정해져 있다.

제 2 힌트. 흑가 의 붙임은 엄한 것 같아도 백나 로 젖혀 내어 흑이 곤란하다.

8 도(제 8 문)

흑선. 다음의 한 수는?

제 1 힌트. 엄한 수를 바란다.

흑가 나 흑나 의 이음같은 단단히 두는 곳이 아니다.

제 2 힌트. 아무리 '엄하게'라 해도 흑다 의 끊음으로는 백라 로 이어 아무것도 안된다.

제 3 힌트. 이러한 흑의 다음의 한 수를 능숙한 사람들은 '2 단 ○○'라 부르고 있는 쾌심의 한 수.

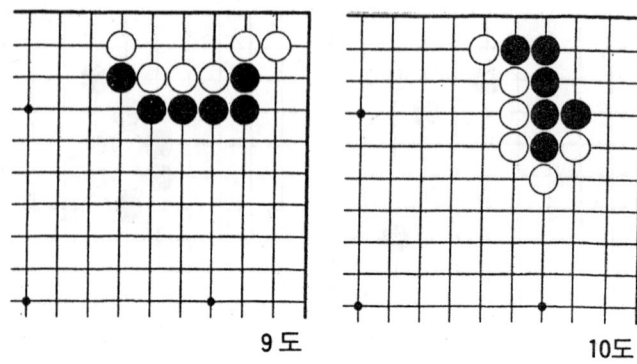

9도   10도

9도(제9문)

흑선. 다음의 한 수는?

앞 문제 정해가 나온다면 당연히 이것도. 이것은 앞 문제의 응용 문제에 지나지 않으므로, 하고 말하는 것은 자체 힌트가 될 정도로 적어도 이 정도 노타임에서 정해를 구했으면……

10도(제10문)

흑선. 다음의 한 수는?

제1힌트. 끊는 곳은 세 군데. 그 중 어디를 끊는 것이 좋은가, 하는 문제이다.

제2힌트. 가장 엄한 끊음이 정해.

제3힌트. '엄하다'는 것은 일부를 끊고 돌을 딴다는 것이 아니다 (단, 이 경우는 하는 주석이 붙어 있지만).

단 백 전군에 육중한 영향을 줄 것 같은 엄함, 그것을 바란다.

이상 10문제 모두 지금까지의 이야기 중의 응용문제는 아니다. 주어진 힌트를 되새겨 정해를……

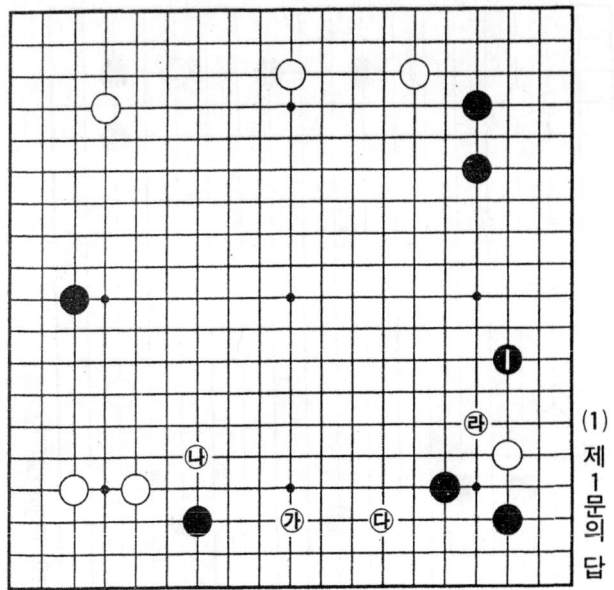

(1)
제
1
문
의
답

포석의 문제의 답

(1) 제1문의 정답은 흑1

우상으로부터의 전개와 백으로의 협공을 겸한 일석이조의 호수이다.

흑가도 호점이지만, 그러면 바로 백1의 벌림을 두게 한다.

흑1에 이어 백가라면 흑나, 백다에 흑라로 흑 호조이다.

좌변방면은 가름이 되고 있으며, 백 어디서 붙여 봐도 흑은 한쪽으로 두 칸 벌림을 할 수 있으므로 서둘러 둘 곳은 아니다.

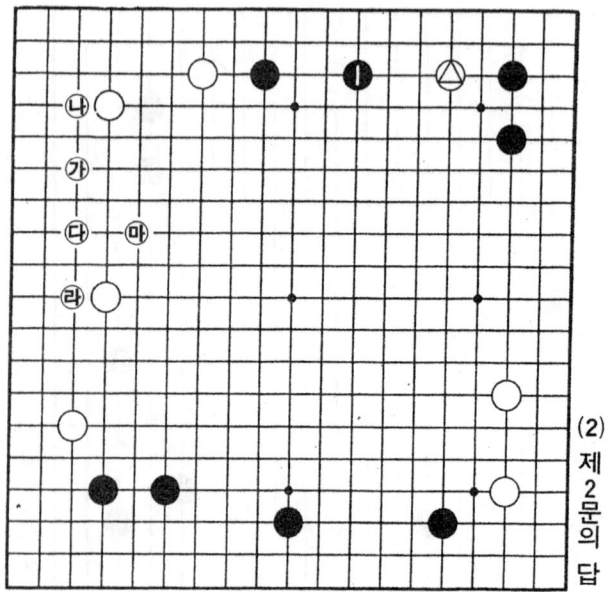

(2)
제
2
문
의

답

(2) 흑1의 두 칸 벌림이야말로 정해이다

이것은 상변의 흑이 근거를 얻음과 동시에 백△의 근거를 빼앗는 의미가 생기므로 어디보다도 나은 호점이라 할 수 있다.

예를 들면 좌변의 뛰어듦을 먼저 해보자.

흑1에서 흑가, 백나, 흑다, 백라, 흑마. 백나 와 백라 는 아주 단단히 두는 방법같지만 뛰어들어온 흑으로의 공격을 냉정하게 주시하는, 엄한 의미가 있다.

여하튼 흑마로 탈출을 꾀하는 그 때이다. 백 일전하여 백 1. 주객전도의 상변이다.

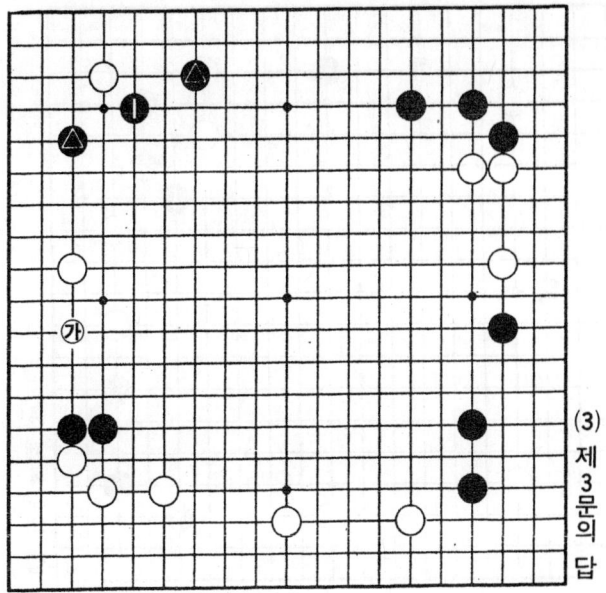

(3) 흑 1로 걸치는 한수이다

이 한 수로 귀의 백을 완전봉쇄하고 흑 3점은 협력일
치하여 외벽이 된다.

물론 이렇게 두었다고 해서 귀의 백을 딸 수 있다는 것
은 아니라 해도, 이곳이 강벽이 된다는 것은 앞으로 흑이
두기 쉬운 바둑이 되는 것이다.

흑 1을 흑가. 흑가도 좋은 벌림이지만, 흑가라면 백
1. 이 백 1의 의미하는 것이 문제로, 이 한 수로 흑●●
는 2분되어 흑에게 있어 어려운 국면이 된 느낌이다.

과연 명암이 갈리는 한 점. 그것이 흑 1이었다.

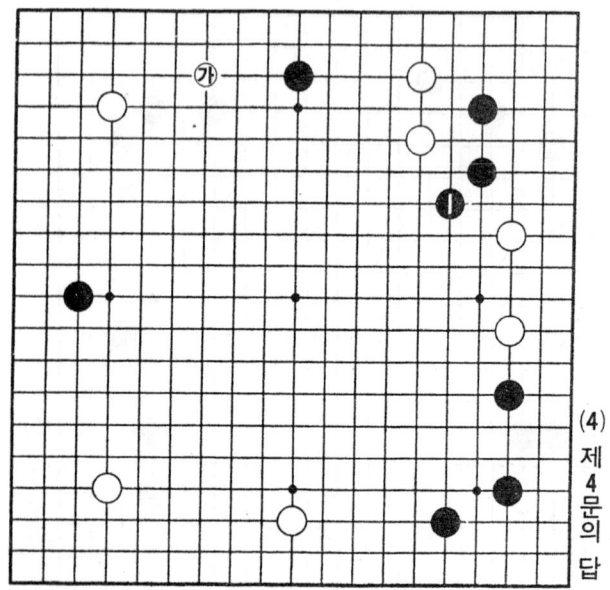

(4)
제
4
문
의
답

（4）흑 1 로 마늘모로 나오는 한 수

이 점을 백에게 양보하면 곧 우상귀의 흑은 백의 포위
속. 따로 백에게 빼앗길 것도 없으나, 봉쇄된다는 것은 꺼
리끼는 일이 많이 있다.

상변 흑가의 두 칸 벌림. 그 점을 백에게 두게 한 차를
생각하면 그 흑가도 절호점이라 할 수 있다.

그렇지만 그 흑가와 흑 1 의 어느 쪽이 좋으냐 하면 6
대 4, 아니 7 대 3 정도의 극론(極論)을 토하고 싶을 정
도로 흑 1 에 첫째 손가락을 꼽는데 주저 않는다.

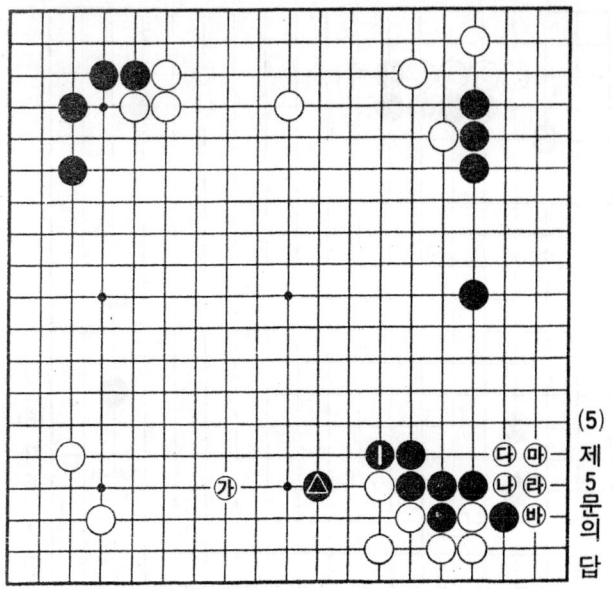

(5) 흑 1 의 머리누름의 한 수이다

이 수에 의해 우하귀 흑 6 점과 흑●에 피가 통하지만 큰 의미를 가져온다

즉, 강벽완비의 흑이라 할 것이다.

그것을 간과하여 하변 흑가의 전개로 하면 바로 백 1. 시야를 넓힌다면 이 백 1 의 한 수로 흑벽의 중앙을 백 돌파라는 감도 있을 정도이다.

또한 우하귀 백나의 끊음은 흑 어떻게 처치하느냐? 그 것은 백나, 흑다, 백라, 흑마, 백바로 귀를 백에게 주는 것이다. 문제가 작다.

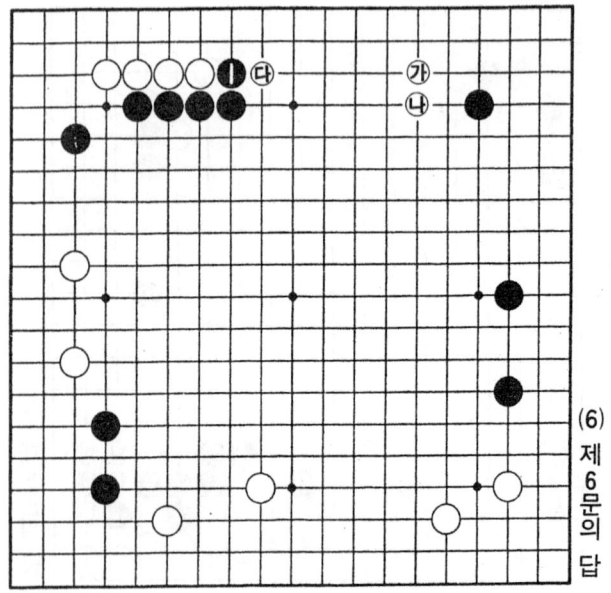

(6)
제
6
문
의

답

(6) 정해는 흑 1

이것이 '천량구부림'이라 부르는 절호점. 이 국면 중에서는 어디보다도 서둘러 두고 싶은 절호점이다.

그것은 (4)의 흑 1에는 들어맞지 않는다. 그러나 이 국면에서의 흑가 나 흑나의 준비, 그 외의 어느 곳으로 두는 것보다도 이곳이 가치가 높다는 것은 꼭 알아 두었으면 한다.

그곳을 흑이 두지 않는다면 백다의 한 칸 뛰어나옴이 국면 제일의 호점이 된다.

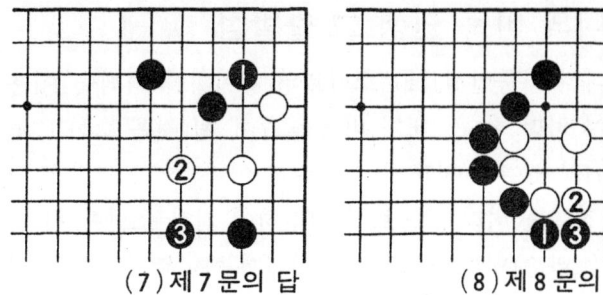

(7) 제 7 문의 답　　　　(8) 제 8 문의 답

(7) 흑 1 이 정해

　피차의 근거에 관한 요충(要衝)이다. 근거를 잃은 백은 2 로 피한다. 흑 3 으로 추격하는 요령이다.

(8) 흑 1 이 정해. 쾌심의 ‘2 단젖힘’

백 2 라면 흑 3 으로 포위.

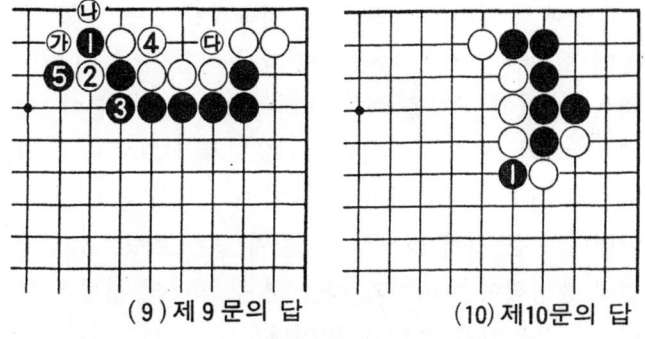

(9) 제 9 문의 답　　　　(10) 제10문의 답

(9) 흑 1 이 정해. 이것 또한 쾌심의 ‘2 단 젖힘’

　백 4 에서 백 가 는 흑 4. 백 나, 흑 다 에서 백이 무너지는 형.

(10) 백의 모양의 중심, 흑 1 의 끊음이 정해

　과연 백 2 개로 절단된 느낌이다.

나의 바둑 인생 그 출발점 ①

나의 바둑인생, 그 스타트의 이야기를 여백을 이용하여 하려 한다. 내가 바둑을 두게 된 것은 소화 17년 (1942) 초여름(만16세), 그리고 아마츄어 본인방 5단의 직함을 버리고 프로에 입단하여 기사 초단이 된 것이 소화 24년(1949)의 가을이니까 아마츄어 바둑계에 있었던 것은 7년이 된다.

가난하게 태어나 어렵게 자란 나는 국민학교를 졸업하자마자 폭탄을 만드는 공장에서 일을 했다. 수많은 학우중 거의가 중학교에 진학하는 것을 별로 부럽게 생각하지 않았다. 아니 오히려 한발 먼저 사회로 뛰어들어 월급을 받는 것을 자랑스럽게조차 생각했었다.

공장에서 일하는 데도 점점 익숙해진 2년. 왼쪽 무릎에 질환을 가져온 나는 당분간 무리할 수 없어 매일 하는 일 없이 공장을 쉬는 기간이 있었다. 일본이 영미 그 외의 대국을 상대로 선전포고를 하고 반년째, 남방으로 진격을 계속하여 전승 기분이 왕성한 때이다. 어머니와 큰 형이 병사하고, 둘째 형은 보병으로 전선에 출정하여 아버지와 아들 단 두 식구의 생활은 가정다운 분위기가 있을 수 없었다.

또 텔레비젼도 없었던 때이다. 오락이 적었던 것도 사실이다. 밤에 회사에서 돌아온 아버지와 봉투 붙이기를 하는 것이 유일한 즐거움인 공허한 하루 하루를 보내고 있었다.

제2장

접촉전의 기본기(I)

―축과 장문―

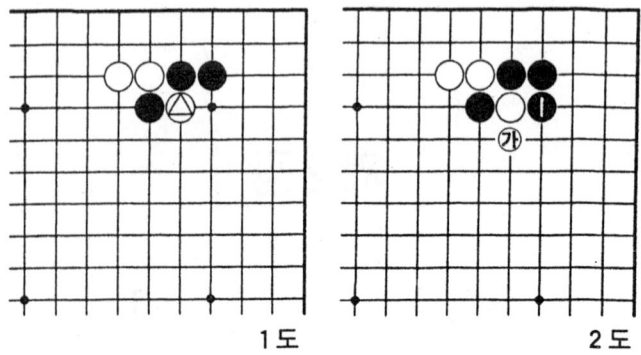

1도   2도

축

축—— 이런 말은 바둑을 모르는 사람들에게는 도저히 통용되지 않는 말이다. 사람마다 이 길에 입문하면 이것은 돌을 따는 기본기의 제1과로서 맨먼저 익히는 기술임에는 틀림없다. 축을 놓치거나 하면 '축을 모르고 바둑을 두는가' 하고 비웃음을 사게 된다. 이것은 바둑을 배운지 얼마 안 되는 사람이라도 곧 사용하게 되는 기술이다.

1도

접촉전이다.

흑선에서 백△을 어떻게 하면 딸 수 있을까?

2도

흑1로 두고 흑가로 두수 두면 백을 딸 수 있다는 답은 되지 못한다.

흑이 두면 이어서 백이 둔다. 그리고 또 흑이 둔다. 이러한 답이 아니면 (루울의 1. 교대로 둔다) 안된다.

흑1은 실패이다.

그것은 흑1로 두면 당연히 백가로 달아날 것이다.

그래서 이제 흑은 어느 백도 딸 수 없게 되기 때문이다.

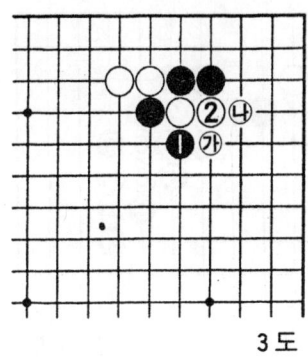 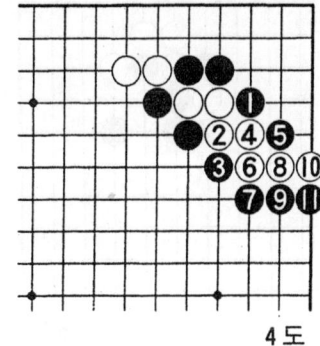

3 도   4 도

3 도

흑 1 (단수라 부른다)이다.

백 2 로 달아난다.

흑 3 에서 흑 가 의 댐 등을 모르는 것을 증명한 수이다.

흑 가 에서는 백 나 로 도망쳐, 백 단수의 궁지에서 탈출하여 편해진다. 흑 3 에서는 다음——

4 도

흑 1 로 단수를 건다.

백 2 로 달아난다.

흑 3 으로 단수.

백 4 로 달아남.

흑 5 로 단수.

이것이 축의 요령이다. 그리고 판끝까지 몰아 백을 딴다. 마지막 흑 9 에서는 흑 10 으로 대어도 딸 수 있다.

이것은 하수에게 이치를 설명하는 것보다 판위에 돌을 늘어놓고 5, 6 회 연습하면 그 요령을 곧 터득할 수 있다.

상대가 눈치채지 못하게 이 기술로 대량의 돌을 따 보라. 그것은 유쾌한 일이다.

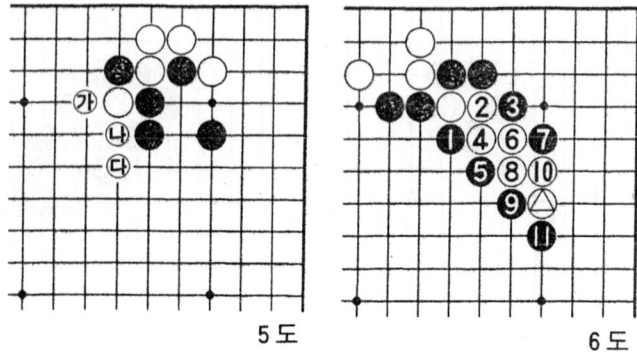

5 도   6 도

5 도

또 하나 연습해 보자.

흑가로 걸어 백나, 흑다로 쫓아 19줄 판의 좌하귀까지 확실하게 쫓아갈 수 있느냐. 같은 요령으로 종점까지 가는 것이므로 틀림없을 것으로 생각하지만 대량수집의 백을 따는 것이다.

축을 익히면 실전에서 사용해 보고 싶어진다. 그래서 좋은 것이다.

그런데 축으로 쫓아도 딸 수 없는 것이 있다.

6 도

흑1 이하 흑11까지 확실히 축으로 쫓았을텐데 흑11이 되었을 때 달아난 백 7 점이 어느틈엔가 단수가 되지 않았다.

그것은 축으로 쫓아가는, 비스듬히 전방으로 백△의 수가 있었기 때문이다. 이러한 백△을 '축단수의 돌'이라 한다.

이러한 돌이 존재할 때는 축의 기술도 확실한 것이다.

흑11 이후 어떻게 될까, 살펴 보자.

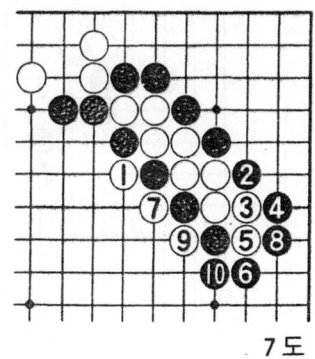 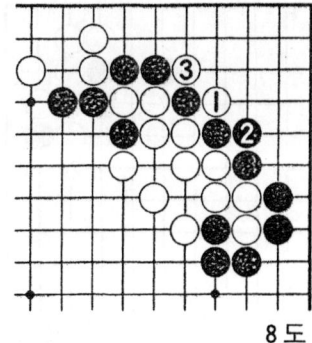

7 도　　　　　　　　　　　8 도

7 도

전도에 이은 백은 백1로 흑의 제방을 파괴하려든다. 백
1은 '양단수' 라는 흑에게 있어서 정말로 처치곤란한 것
으로 백7, 9로 계속해서 흑 빼앗기게 된다.

축기술은 마지막에 단수를 걸지 않는 한 이렇게 심각해
지는 것이다.

어느정도 심각한가, 더 분명히 하기 위해서 흑10까지의
그림을 다음에—아니 흑이 심각하다.

8 도

이것이다. 흑 결점투성이이다.

또한 이번에는 이쪽도, 할 뿐 백1의 양단수. 이것이야
말로 흑의 우는 얼굴에 침뱉기라 할까.

그래서이다.

축으로 쫓는 것을 배우고 나면 다음에——

축단수(축으로 쫓는 비스듬히 전방)가 어떻게 되어 있는
가, 그것을 보고 나서 기술을 사용하지 않으면 안된다.

이것은 절대조건이다.

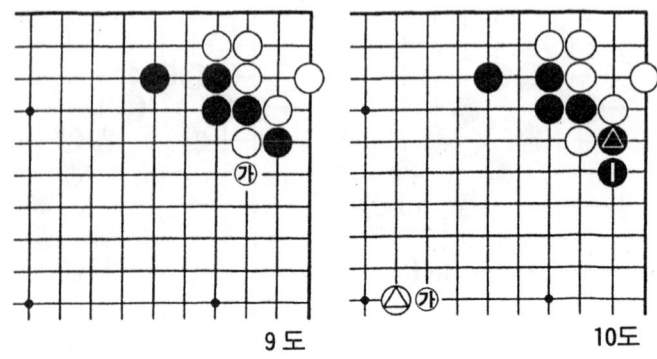

9 도   10도

9 도

귀찮겠지만 이곳은 몇 번이고 이야기해 두어야 할 곳이다.

축을 알고 있으면 이 장면 흑가로 댈 것이다.

그렇지만 그 흑가를 두기 전에 반드시 보아두어야 한다. 비스듬히 전방(그것은 좌하귀에까지 시야를 넓히지 않으면 안되지만)에 아무것도 없느냐, 흑이 있을 때는 흑가의 축의 단수가 좋다.

그런데 축단수의 백이 있으면 흑가로 둘 수 없다는 것이 된다.

그러므로 흑가를 노타임으로 두는 경솔함만은 해서는 안된다.

10 도

백△가 있고 축관계가 흑에게 나쁜 경우에는 부분적으로는 흑1로 두어 차분히 준비하는 것도 한 방법일 것이다.

별법(別法)으로서 흑●를 버리고, 흑가로 축단수의 접촉전을 시도하는 경우도 적지 않다.

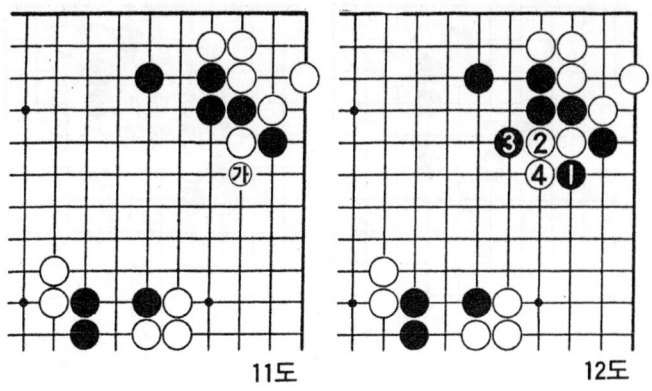

11도   12도

11도

축에서도 가장 손이 가는 것은 이것이다. 축단수로 흑
백 양군이 이미 있고, 이것이 흑에게 좋다고 나오느냐,
백에게 좋다고 나오느냐 잠깐 보아서는 알 수 없는 장
면에 부딪힌 때이다.

이 그림은 아직 거리가 가까운 편으로 그리 어렵지는 않
으나 이것이(한복판의 흑백) 멀리 좌하귀에 있는 경우,
흑가의 축을 결행하는데도 운에 맡기거나 한다면 쫓는쪽
도 달아나는 쪽도 심장이 두근거려 신체에 나쁜 바둑을 두
게 될 것이다.

12도

많이 딸 수 있는 것이라고 흑 1 로 쫓으면 백 2 로 달아
나고, 흑 3 으로 다가가니 백 4 로 달아났다. 상대의 태도는
자신만만하다고 보였다. 역시 자신쪽이 나쁜가. 마지막으
로 7, 8 도와 같이라도 된다면 큰일, 이라 도중에 쫓는
것을 그만두었다. 이런 경험은 앞으로 얼마든지 있을 것
이다. 이런 때 종점까지──

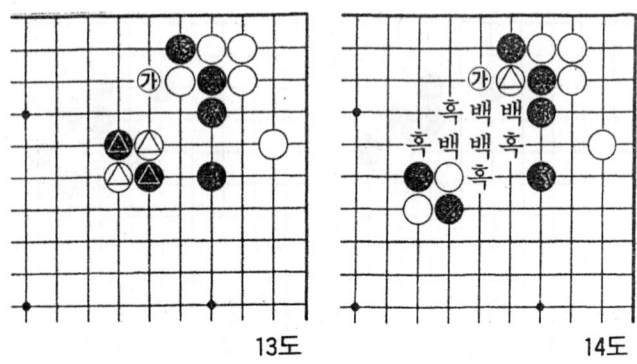

13도   14도

축을 읽는다

13 도

축을 읽는 연습은 먼저 가장 가까운 축단수부터 시작하여야 한다.

흑백 ●△ 4점이 축단수의 돌이다.

돌을 판위에 놓지 않고 눈으로 쫓아 백을 딸 수 있을지 읽어 본다. 흑가, 백 달아나고, 흑 단수, 백 달아나고, 흑 딴다, 까지 읽을 수 있을 것이다.

14 도

이번에는 축단수의 흑백 4점을 비스듬히 한길 멀리 하였다.

흑가로 축으로 쫓아 백△를 딸 수 있을지, 판위에 돌을 놓지 않고 눈으로 쫓아 이것을 읽어낼 수 있는가.

흑가, 백 달아나고, 흑 단수, 백흑, 백흑, 백흑으로 백 전부 딸 수 있다고 읽을 수 있는가.

흑 읽을 수 있다면 당신은 '두기 전에 10수나 뒤까지 읽어내었다'는 것이 된다.

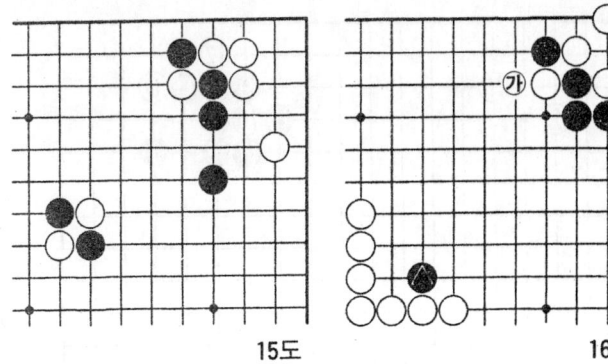

15도   16도

15 도

다시 한길 비스듬히 멀리 대었다. 이런 멀리 되면 곤란
하다. 차례차례 멀리 하여 읽어낸 당신은 설마 그런 말
은 안할 것이다.

읽을 수 있을 것이다.

이렇게 해서 서서히 멀리 읽는 연습을 해 간다.

축을 읽는 연습을 매일의 일과로 한다. 가령 30분이든,
15분이든, 그리고 결코 무리한 원거리 읽기를 하지 않을
것도. 읽어낼 수 있는 자기의 수비범위속에서 할 것을권
하고 싶다.

이리하여 언젠가는 무리없이 원거리에 있는 것도 척척
읽어낼 수 있게 된다.

16 도

언뜻 보기에 축단수는 백일색으로 흑가 는 도저히 성
립되지 않는 것으로 보일 것이다.

그렇지만 이것을 확실히 종점까지 읽어낸다면 흑●가
흑가 의 축단수로서 찬연히 빛나고 있는 것을 알 것이
다.

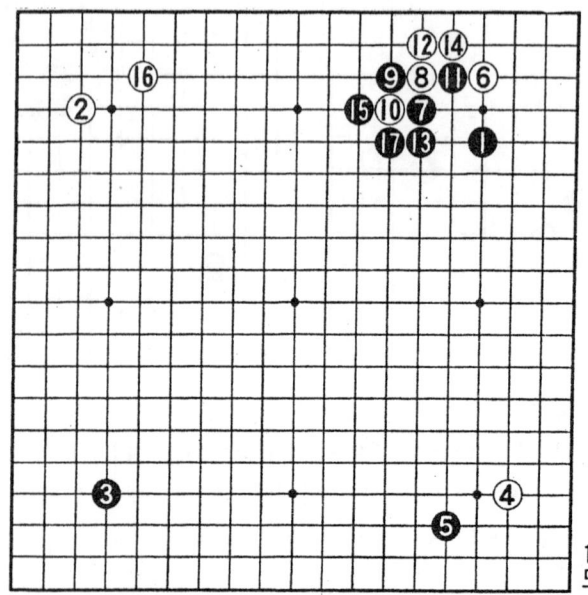

17
도

17 도

흑 1 ～ 흑 17. 이 포석을 보고 이것은 능숙한 사람이 두는 바둑이라는 것을 곧 알 수 있다.

그것은 우상귀의 접촉전의 모양을 보면 서투른 사람은 도저히 둘 수 없다고 생각되는 것을 느끼기 때문이다.

백 10 의 잘못끊음에서 흑 11, 13 이 보통의 수가 아니라는 것을 나타내고 있다.

백 14. 이 점은 양보할 수 없는 곳이다.

흑 15 의 축. 그리고 지금까지의 해설에 없었던 흑 17 로 서둘러 따낸 이것이 '묘수' 라는 것이다. 재빨리 따내는 것이 좋다.

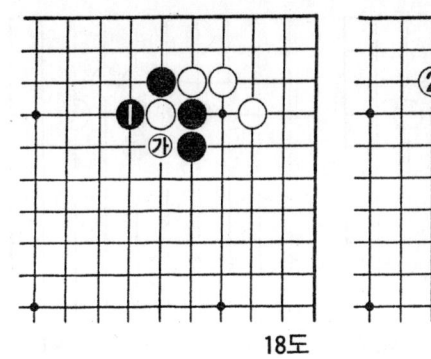
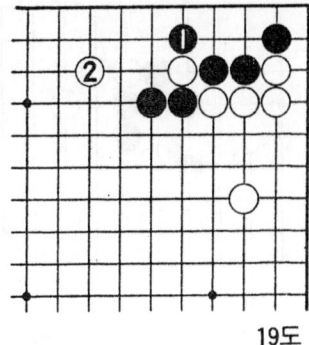

18도   19도

화근을 없애는 묘수

17도 흑17. 그것이 한복판으로 쫓아가는 축은 지금이냐, 나중이냐는 별개로 하고 반드시 축단수 문제가 나오기 때문이다.

축관계가 백에게 좋아지면 백 17 로 달아나는 수가 흑에게 있어 곤란해지며, 언젠가는 흑이 따내지 않으면 안 되는 곳이므로, 그것은 가능한 한 빨리 없애 두는 것이 좋다.

18 도

흑1. 이것도 한복판으로 쫓는 축이다.

빨리 흑1로 따내자.

19 도

이쪽의 흑1의 축. 이것은 판끝으로 쫓는 축이다. 이쪽은 따낼 필요는 없다.

백 2 로 이렇게 접근해 와도 축길을 확실히 읽어 낸다면 아직 흑은 손을 빼고 다른 호점으로 향할 수가 있다.

18도의 흑가의 따냄은 초급자라면 이의(異議)는 없을 것이다.

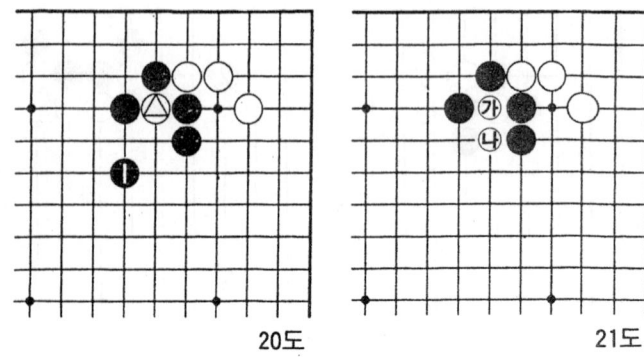

20도   21도

20도

혹1 등으로 두는 편이(이것으로도 백△ 는 달아날 수 없다) 혹은 세력에 조금이라도 작용이 있고 좋지 않을까, 하고 생각한다. 물론 그러한 것을 생각하게 된 것 만도, (일의) 좋고 나쁨은 별개로 하고 진보하고 있다고도 할 수 있는데…….

소위 묘수에서 먼 수이다. 프로라면 역시 18도 혹가에 이의가 없다고 본다. 기본기에 충실한 것은 초급자와 그리고 프로인 것이다.

'초심(初心)을 잊어서는 안된다'

21도

이 형에서 혹은 별로 나쁘지는 않다. 거기에 백가로 던져 넣어 혹나로 따는 교환이 있었다고 한다면 그것은 혹에게 있어 감사 이외에 아무것도 아니다. 18도는 그것.

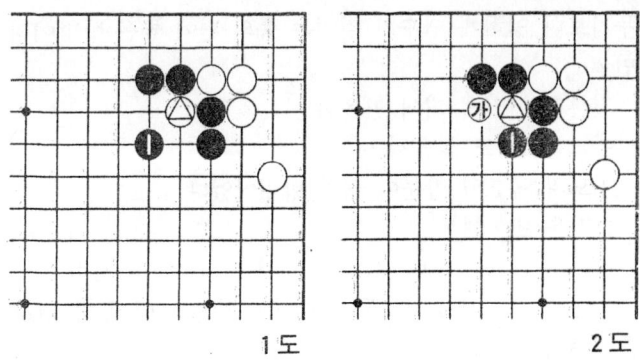

1 도   2 도

장문

축은 돌을 따는 기술이었다.

장문도 역시 돌을 따는 기술이다.

축과 장문. 이것은 돌을 딸 때의 기술로서 형제와 같은 것이다.

1 도

흑1이 장문이다. 이 방법을 잘 보라. 이것으로 백△은 달아나려 해도 달아날 수 없는, 꼼짝할 수 없는 상태에 있다는 것을 알 수 있다.

2 도

그러나 이미 축을 익힌 독자는 전도의 흑1에서 본도흑 1로 감싸도 딸 수 있지 않을까, 하고 말하고 싶을 것이다.

확실히 축관계 흑 양호하다면, 그래도 백△를 딸수있다.

그렇다면 백에게 단수도 걸지 못하는 장문 따위의 수를

두기보다 엄하게 단수가 걸리는 축의 편이 좋은 방법이라면?

결론은 어떻게 되어 있을까.

어느쪽이라도 좋을까?

1도의 흑2의 장문이 바른 방법이었다.

그것은 또, 왜?

장문은 그 한 수로 백△의 생사를 좌우하고 있다.

축은 흑1과 흑가로 두수 걸치지 않으면 백△의 생사를 좌우할 수 없다.

이 한수의 차는 큰 문제이다. 설상가상으로 축의 쪽은 축단수의 관계가 번거롭다는 점도 불리하다.

그러므로 장문으로 딸 수 있을 때에는 장문으로 따는편이 축보다 좋다는 결론이 나온다.

단, 이것은 언제든지 그렇다는 것은 아니다. 때와 경우를 구분하지 않으면 안된다.

때와 경우, 주변의 상황여하가 어느것을 좋다, 어느 것을 나쁘다고 결정짓는 것이다. 그것이 축과 장문에 한하지 않고, 바둑이 가지는 특유성이다.

그러므로 일단 기본, 기본기는 알아 두고, 실전응용에 이르러 어느쪽으로 갈까 하고 선택한다. 이것을 언제든지 명확하게 판단할 수 있게 되면 그것은 아주 강한 수라고도 할 수 있게 되는 것이다.

자기만의 독특한 방식(個性)도 좋을 것이다. 그 사람이 가지는 개성으로 자기나름의 바둑을 둔다. 마음이 내키지 않는 흉내같은 바둑보다 나은 것은 얼마든지 있다. 그러나 기본을 완전히 안 뒤에 자기식(我流, 個性)을 만들어 낸다는 것이 본래의 모습이 아닐까.

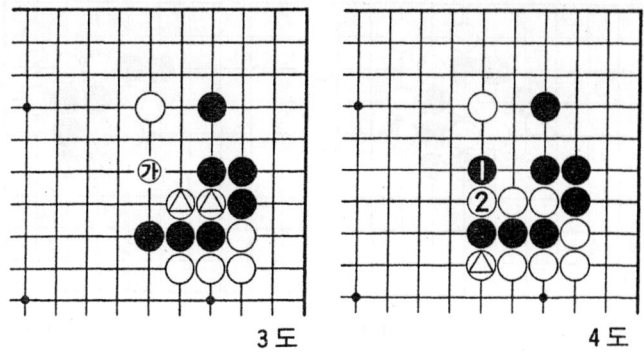

3 도   4 도

3 도

장문이라는 것은 어쨌든 일발로 따는 수로 생각하면 틀림없을 것이다.

백 2 점 △△은 흑선이라면 딸 수 있을 것이다.

돌을 딸 수 있을 것 같을 때는 손가락을 먼저 꼽아,

1, 장문으로 딸 수 있는가

1, 축으로 딸 수 있는가

로 생각한다. 장문의 일발로 딸 수 있다면 축은 생각하지 않아도 된다.

흑가.

이것이 장문이다.

이것으로 백을 딸 수 있다.

4 도

무심히 보고 있으면 전도와 다름없는 것으로 보일 것이다.

흑 1 도 마찬가지로 장문으로 해 보았다.

그렇지만 이번에는 백 2 로 탈출가능하다. 전도와의 차는 거기에 있었다. 이번에는 백△가 더 있었기 때문에 흑 3

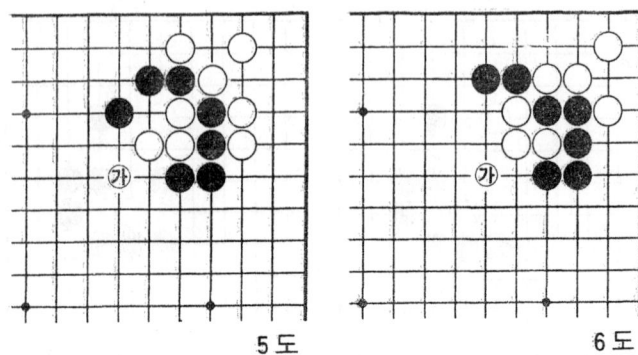

5도   6도

점이 백2로 단수가 되어 있었다. 이런 때에는 흑1의 장
문은 성립되지 않는다.

5도

이것은 백 3수도 빈틈이 있으므로 따기까지는 힘이 든
다고 생각되는 사람도 있을지 모르나, 요령은 마찬가지이
다.

웬지 모르게 봉쇄하는 느낌. 그것은 흑가일 것이다.

이것이 역시 장문이다.

납득이 안 가는 사람은 흑가에 이어, 백가의 우와 위
로 나와 보라.

결국 백이 빼앗기는 운명에 있다는 것을 알게될 것이다.

6도

흑선. 다음의 한 수는?

라는 문제라면 무조건으로 흑가의 장문이 정해가 된다.

이 일발로 백 3점은 빼앗기고 있기 때문이다.

이 하나, 둘의 예에서도 알 수 있듯이 백의 탈출로를일
발로 막아 버리는 장문 기술은 이와 같이 정해져 있을 때
는 효과 백퍼센트의 위력으로 돌을 따낼 수가 있다.

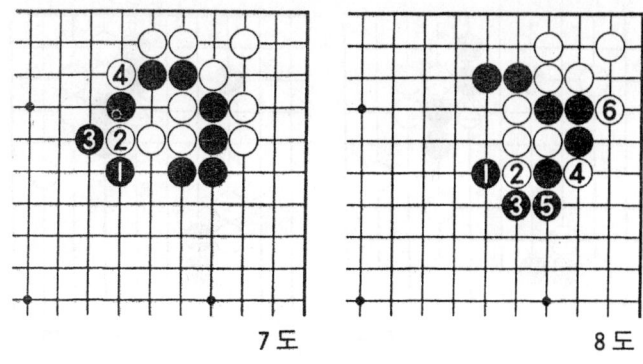

7 도   8 도

7 도

5 도와 모양은 비슷해도 주변의 상황이 조금이라도 다르면——

흑가의 장문은 실패로 끝난다.

이 경우는 흑1의 장문은 백2에서 백4로 반대로 흑2 점이 빼앗기는 비극을 초래하였다.

8 도

6 도와 같은 요령인가, 하고 생각하는 것은 경솔한 생각이라고 해야 하며, 흑 장문을 걸기에는 이 때 약점이 있었다.

백2 이하 흑의 약점을 찔러 반대로 흑3점을 따는 선물을 가지고 백은 생환한다. 흑 대실패.

이러한 때에는 우선 4로 끊기는 약점을 보완해 두는것이 선결문제일 것이다.

그 보강수단은 흑1에서 흑4의 이음, 혹은 흑4의 한 길 아래 걸쳐이음, 혹은 흑5의 수비방법도 생각할 수 있다.

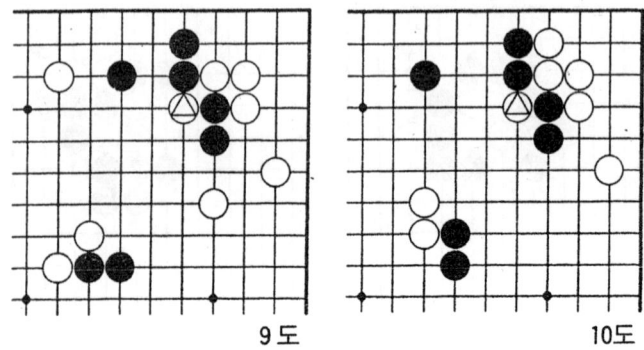

9 도   10도

9도

1도의 기본형과는 약간 다른 점이 있다.

백△가 요석이냐, 그것을 확인하는 것이 무엇보다도 먼저 할 일이다.

백△은 흑을 2분하는 요석이다.

이것을 딸 수 있다면 흑은 전부가 튼튼해진다. 딸 가치는 충분히 있다.

흑선에서 어떻게 두어 백△을 딸 수 있느냐를 생각해 보자.

10도

전도보다 약간 어려울 것이다.

흑선. 백△의 요석(要石)을 따는 다음 한 수는?

흑이 다음의 한 수를 두어도 백 달아나고, 흑 쫓고, 다시 백 달아나도 흑 따낼 수 있는 곳까지 읽지 못하면 확신을 가지고 다음의 한 수를 나타낼 수는 없을 것이다.

주변의 상황이 조금이라도 변하면 정해수단도 변하는 것이 바둑이다.

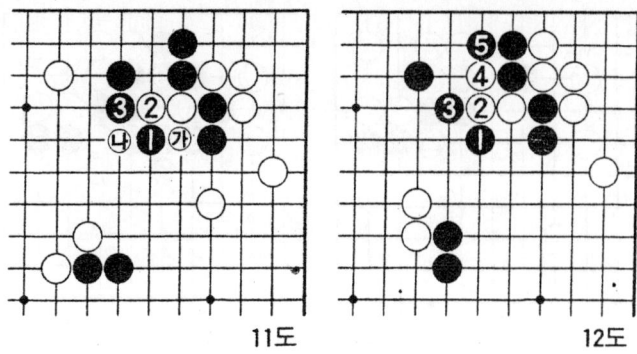

11도   12도

11도 (9 도의 답)

혹1의 장문으로 딸 수 있다.

백2로 달아나도 혹3으로 놓히지 않는다.

여기서는 축으로 딸 수 없는데, 가령 축으로 딸 수 있는 경우라도 장문 일발로 따는 것이 옳다.

또한 혹 선을 읽을 수 있다면 혹1에서 혹가로 단수를 걸고, 백2로 달아날 때 혹나의 장문으로 딸 수도 있다.

12도 (10도의 답)

혹1의 장문으로 제한된 곳이다.

백2로 달아나고, 혹3으로 쫓고, 백4로 달아나고, 혹5로 딸 수 있다. 여기까지 읽어낸 후에 혹1을 두지 않으면 진짜가 아니다.

이것은 어쨌든 이러한 장문도 있다는 것을 알고 있는것 만으로도 판단하는 기준은 될 수이다.

축 이외에는 아무것도 생각할 수 없다는 것보다도 나은 것은 얼마든지 있다.

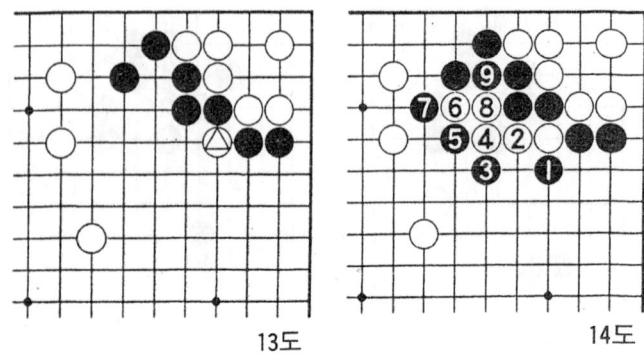

13도   14도

13도

백△은 요석이다.

흑선에서 어떻게 두면 이것을 딸 수 있을까?

축관계는 불리한데…….

이것은 문제로서 생각하기에는 조금 어려울지도 모르므로 다음에 이것의 답을 발표한다. 힌트는 축쫓기와 장문의 두 가지를 활용하는 것인데…….

14도

흑1로 축으로 보게 하고, 흑3의 장문으로 막는다──이것이 정해 수순이다.

이렇게 말해도 알 수 없을지 모른다. 그래서 다시 백4의 달아남에서 흑5, 7, 9로 따내는 곳까지 나타내 두었다.

어떤가? 13도를 보고 14도의 이러한 방법이 가능하다는 것을 읽을 수 있는가?

축과 장문의 활용. 그에 따르는 읽기. 소위 맥이 좋다고 하려면 이러한 기본이 튼튼하게 되어 있지 않으면 안된다.

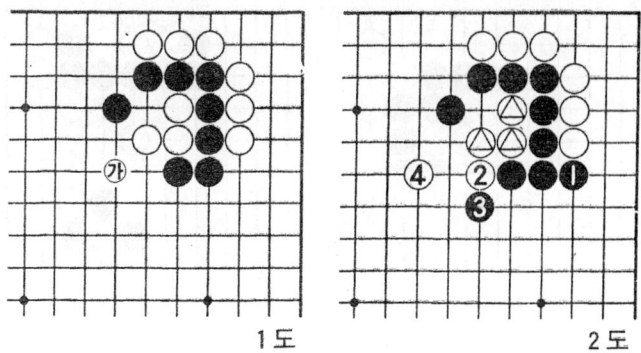

1 도   2 도

요석 (要石)과 폐석 (廢石)

1도

이 그림에서 흑선이라면 지금이야말로 흑가의 장문으로 백3점을 포획할 수 있다고 생각할 것이다.

5도에서 흑가의 장문과 본도 흑가의 장문을 비교할 때 그 어느것도 장문이 성립한다는 공통점이 있다.

그렇지만 그 가치(딴 가치)를 비교할 때 5도 흑가를 10만원의 가치라 한다면, 본도 흑가는 천원의 가치도 없을 정도로 엄청난 차이가 있다.

그것은 5도의 백3점은 흑을 2분할 필요가 있는 돌이었다는 것.

본도 백3점은 그러한 중요한 의미를 갖지 않는 (이러한 것을 폐석이라 한다)것이라는 것.

이 차이가 가치판단을 결정하는 것이다.

2도

1도 흑가를 천원의 가치로 한다면 본도 흑1은 적어도 5만원의 가치는 있을 것이다.

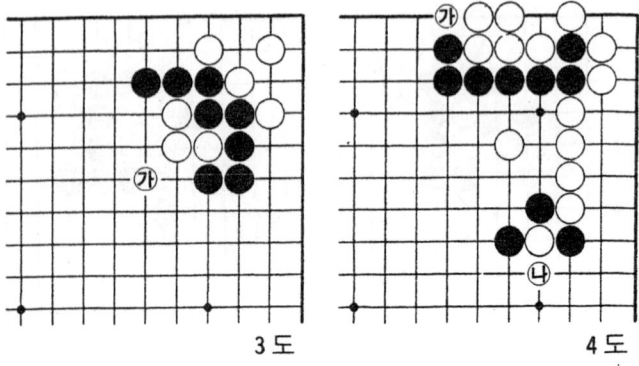

3 도   4 도

그러나 그렇다고 하면 백2, 4로 달아나지는 않을까?
그것을 피한다는 것이 얼마나 쓸데없는 일인가.

7도의 백의 달아남과는 정말 큰 차이이다.

백△ 3점과 같은 폐석을 흑측은 서둘러 딸 필요가 없
으며, 백측도 달아나도 거의 의미가 없다. 이와 같은 돌
은 양군 모두 무시한 편이 좋다.

3 도

6도와 아주 비슷하다. 그렇지만 잘 살펴보라. 본도에
서는 흑 전군 연속되어 있는 강한 돌. 중앙 백 3점은 역
시 폐석이다.

그러므로 가령 흑가의 장문으로 딸 수 있는 수가 눈에
띄어도 가치로서는 쓸모없는 수가 된다.

4 도

가치판단은 장문이나 축일 때에만 한한 것이 아니다.

본도에서 흑가로 두면 백5점을 딸 수 있다.

흑나로 두면 백1점을 딸 수 있다.

어느쪽이 가치가 높을까? 새삼 다시 말할 필요도 없다.

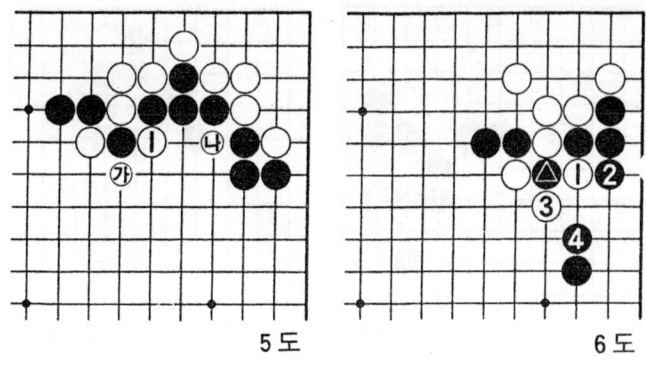

5 도   6 도

물론 흑 **나**로 따느냐, 백 **나**로 달아나게 하느냐의 차이
는 각별하다.

흑 **가**는 10집의 수. 흑 **나**는 몇십집이 되는지 계산밖의
크기가 더해져 30집 이상의 가치가 있다고 하는 것이다.

5 도

백 1로 두었을 때 조금 수를 볼 줄 아는 사람이라면,

흑 **가**로 1 점을 피하면 백 **나**로 흑 4 점을 빼앗기므로 흑
2 에서는 흑 **나**로 4 점 구출이 정해라 생각할지도 모른다.

그러나 사실은 백 **나**로 흑 4 점 빼앗겨도 흑 **가**로 달아
나는 편이 훨씬 가치는 높다.

과연 이 말이 납득이 갈까?

6 도

전도의 해설을 조금 알기 쉽게 이야기해 보자.

본도, 백 1의 단수에 흑 2, 4로 두면 흑 1 점을 희생하
고 오른쪽이 살아나 좋을 것처럼 보일지도 모른다.

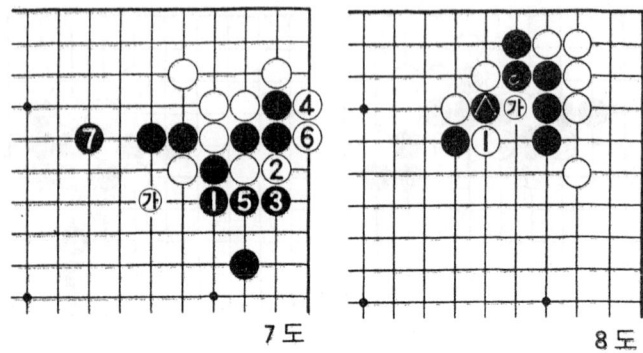

7도   8도

7도

흑1로 1점을 피하면 백2로 빠히 흑3점을 빼앗기는
것이 눈에 보이기 때문이다.

6도의 흑● 야말로 요석이며, 오른쪽 3점의 흑은 폐
석이었다.

6도 흑4까지 보라. 백 전군의 연속으로 왼쪽의 인연
이 끊긴 흑2점. 이 흑2점이 폐석이 되며 또한 뿔뿔이 흩
어진 느낌이다.

흑7에서 흑가의 장문도 훌륭하다. 5도는 이와 같은
견해로 판단하고 있는 것이다.

8도

백1로 끊어 왔다. 흑●가 단수가 되어 있다.

이런 때 노타임에서 흑가로 잇는 사람이 많다. 강한 크
라스에서도 여기에 이르러서는 단수가 걸리면 잇는 것으
로 정해져 있는 것 같다. 입문자라면 허용하겠지만…….

흑●를 빼앗겨도 흑의 주력부대가 눈깜짝하지 않는 것
을 생각하면 흑●가 폐석이라는 생각도 하게 되며, '폐석
은 버리는 편이 낫다'는 말도 나오는데…….

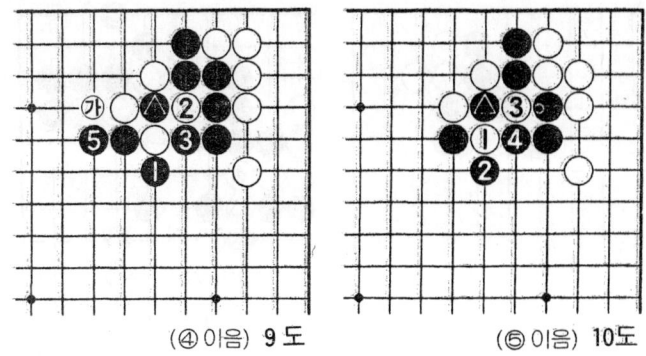

(④이음) 9 도   (⑥이음) 10도

9 도

전도 흑가의 이음을 흑가의 단수에서 흑●을 사석으로 백4의 이음까지로 단단히 조여 백5점을 공격목표로 흑5, 혹은 흑가로 공격하는 것은 아주 고도의 방식이지만, 국민학생이 대학의 강의를 듣는 것 만큼 이해할 수 없는 것이 아닐까.

초급자, 흉내조차 낼 수 없다는 것은 아니다.

10 도

주변의 상황에는 세심한 주의를…….

전도의 요령을 어설프게 익히고 백1의 끊음에 흑2, 4로 고급작전.

이것은 또 어찌된 영문인가. 흑●은 여기서는 상방 흑2점과의 요긴한 곳으로 이것을 백에게 주는 것은, 즉 상방 흑2점의 아웃을 의미한다.

흑2, 4로 조여도 보겠지만.

이것은 흑이 너무했다.

'뱁새가 황새 따라가다가는……'

80

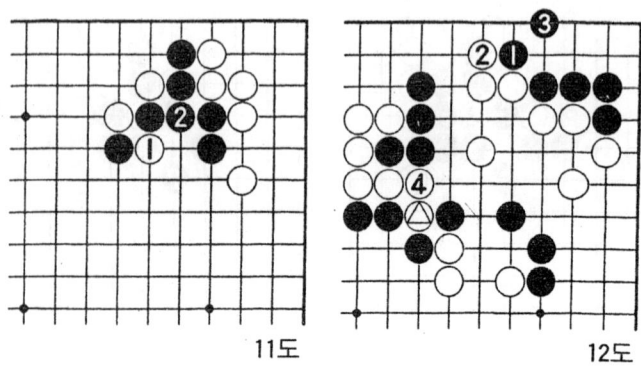

11도   12도

11도

흑2로 잇지 않으면 안되는 곳이었다.

요석인가.

폐석인가.

단수가 되면 무엇이든지 잇는다든가, 조이기만 하면 기분이 좋다는 것이 아니다.

주변의 상황판단. 이것이 중요하다.

12도

흑1, 3으로 귀의 흑을 살리는 것과 죽이는 것과의 차는 수자계산에서 30집은 될 큰 수이다.

그러나 중앙, 백△ 단1점이지만 이것을 백4로 살리는 것은 백 전체가 강해진다는 데서 흑은 큰게 3분되어 (2분되어도 큰데) 흑은 중요한 부분을 잃고 뿔뿔이 흩어진다.

이것은 더 계산할 수 없을 정도의 큰 수로 몇집이 되는지는 알 수 없으나 적어도 한귀의 생사가 문제되지 않을 정도의 큰 수라는 것만은 알 수 있다.

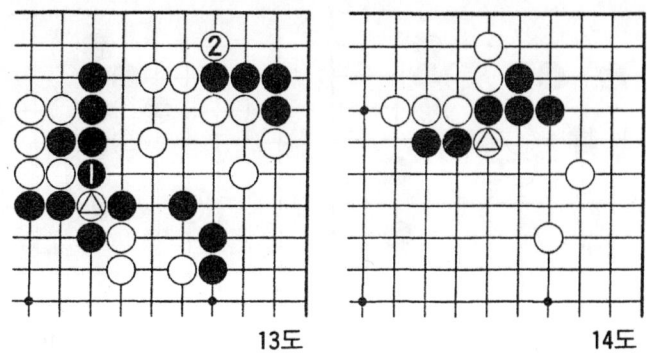

13도   14도

13도

백2로 귀의 흑은 죽어도 흑1로 두어 흑●의 한 점을 따는 것이 엄청난 수이다.

이 한 점을 따는 것이 흑전체의 연속으로 강력한 것이 되며, 전도와 반대로 왼쪽, 또 아래쪽의 백이 뿔뿔이 흩어져 약한돌 단체가 된다. 이것이야말로 무엇보다 중요한 부분인 것이다.

흑1은 정말 엄청난 큰 수이다.

14도(제1문)

흑선. 백△을 딸 수 있을까?

여기서의 4문제는 요석, 폐석을 분별할 필요도 없으며, 딸 수 없다고 하면 문제가 되지 않으므로 반드시 딸수 있도록 정해져 있는 것 뿐이다.

그러므로 해답자측은 한결같이 요석을 따는 수만 생각하면 되므로 단순한 문제라 할 수 있을 것이다.

이 4문제를 한 문제라도 실패해서는 안된다. 흑1, 백2, 흑3 까지 나타내라.

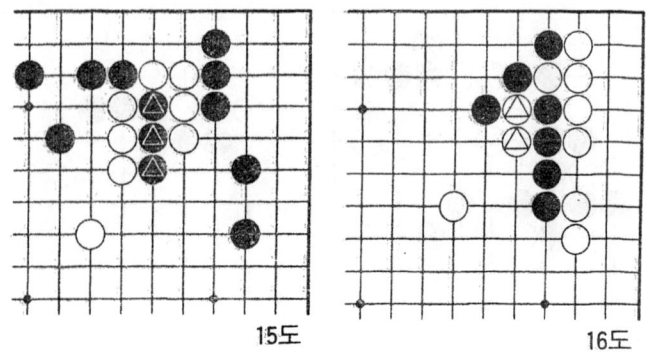

15도   16도

15도(제 2 문)

백선. 흑● 3점을 따라.

이번에는 백선이므로 착각하지 않도록…….

축은 아무래도 없는 것 같은데…….

백 1, 흑 2, 백 3, 흑 4, 백 5 까지 나타낸다.

16도(제 3 문)

흑선에서 백△ 2점을 딴다.

흑 1, 백 2, 흑 3 까지.

14도(제 1 문)와 같은 맥이라 한다면 답을 말한 것과 같
을까?

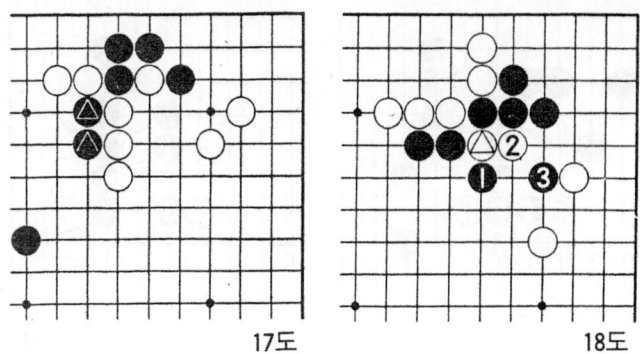

17도   18도

17도(제4문)

백선. 흑● 2점을 딴다.

아니, 이것은 서비스문제. 해답자가 한번에 골인하는 것을 기대한 문제였다.

축과 장문——그것은 돌을 딸 때의 기본기임에 틀림없다.

그렇지만 이 양자는 전혀 다른 맥이며 발상법(發想法)이 비슷하지 않다는 것도 알아 두어야 할 것이다. 즉, 전자는 직접 상대에게 달라붙어 두는 수이며, 후자는 아슬아슬한 재주이기 때문이다.

또한 그 방법(手筋)을 알아도 주변의 상황변화와 그 보다 먼저 그 돌은 따는 가치가 있느냐, 요석과 폐석을 분별할 필요가 있다.

18도(제1문의 답)

흑1로 단수를 하고,

백2로 달아나기를 기다려——

흑3의 장문. 이것이 정해이다.

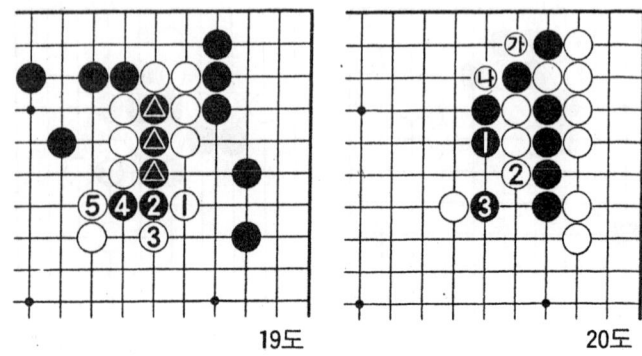

19도   20도

이것으로 백은 어떻게도 할 수 없다.

19도(제 2 문의 답)

백 1 정해라 해도 그 후, 혹 2 이하 백 5 까지로 따낼 것을 읽지 못하고 있으면 안되지만.

백 1 은 '걸침'이라고도 하고 '건다'고도 부르는 수인데, 이러한 발상이 없다면 아무것도 안되므로 걸치는 장문계의 수단은 반드시 돌을 딸 작정으로서 생각이 미치지 않으면 안된다.

장문이라는 어원은 '걸침'이라고도 '씌운다'고도 하는 수단으로, 걸친다든가, 씌운다고 하면 산이나 버선같은말이 미화된 것이 아닐까, 하는 설은 납득이 갈 것이다.

20도(제 3 문의 답)

이것도 제 1 문의 요령과 같은 수법으로——

혹 1 로 하나 단수를 해 두고, 혹 3 의 장문으로 하는 방법. 이것이 정해이다.

또한 백가의 양단수는 혹나의 이음으로 백 3 점을 따는 데에 지장을 주지 않는다.

실전에서 응용범위가 넓은 수법이므로 이 요령은 확실히 알아 두어야 한다.

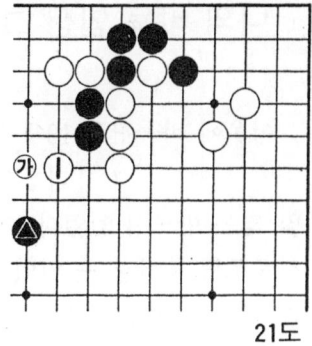

21도

21도(제4문의 답)

백1의 장문. 무조건 이 일발로, 이것 이외의 수는 생각할 수 없다.

단, 흑●가 흑가에 있도록 주변의 상황이 변하면 백1도 이번에는 잘 되지 않는다.

축의 어원은 고래(古来) '征' 또는 '止長' 같은 한자가 사용되어, 웬지 모르게 무드가 있는데, 影山流해석으로는 '집요하게 쫓는다'는 것이 와전되어 축이 된 것이 아닐까 생각된다.

그것은 장문의 어원을 미화했다고 보면 또한 신빙성이 충분하다.

나의 바둑 인생 그 출발점 ②

이웃에 바둑판을 10개 정도 늘어 놓은 바둑 모임 장소가 있었다. 그 유리창 너머로 구경을 하는 사람도 몇 명은 반드시 있었다. 카라멜 1 상자를 살 정도의 입장료로도 들어갈 수 있었지만, 밖에서 공짜로 보는 만큼 싼 것은 없었으므로 나는 가끔 틈을 내서 이 공짜 구경을 하였다.

하나는 재미있게 두고 있는 이 놀이에 대한 호기심도 있었다. 또 하나, 초여름, 산보도 할겸 밖으로 나와서 잠깐 들여다본다는 것도 있었다.

혹 이 공장을 쉬고 있던 계절이 겨울이었다면, 그리고 바둑 모임 장소가 이웃에 없었다면, 나의 오늘은 절대 없었을 것이다.

백, 흑이 뒤섞여 어지러운 이 영문을 알 수 없는 게임도 매일 보고 있노라니 희미하게나마 돌을 따는 느낌을 알 수 있을 것 같았다.

누구에게 배운 일 없이, 남이 바둑을 두고 있는 것을 보고 그 대략을 이해하게 된 것이다. 다시 말하면, '관전입문' 이다.

그러다 조금 알게 되자, 이제 나도 두고 싶어서 견딜 수가 없었다. 그러던 어느날 용기를 내서 안으로 들어갔다. 처음에 상대를 해준 사람의 얼굴은 지금도 잊을 수 없다. 당시 60세 정도의 할아버지였다.

제3장

접촉전의 기본기(Ⅱ)

—끊음과 이음—

끊음과 이음

이 항목은 '이미 알고 있다'고 다음 항목으로 페이지를 넘기지 않기를 바란다.

이렇게 말하는 것은 '입문편'에서 이야기한 것은 이러한 것이 끊음이며, 이러한 것이 이음, 그리고 끊으면 상대를 2분하여 엄하며, 이으면 튼튼해져 끊길 염려가 없어진다, 는 그 정도의 간단한 내용에 그친 것으로, 물론 입문시에는 그 정도의 지식으로도 좋았다.

이제부터가 진짜 공부이다.

바둑도 공부하고, 애쓰고, 노력하면 반드시 보답이 온다. 어떻게 보답이 오는가 하면 실력이 몸에 붙어 급수가 올라가고, 마침내는 단이 될 것이라는, 그리고 바둑의 깊은 맛을 알게 되는 것이다.

이렇게 썼지만 말하는 것은 정말 쉬운 일이라고 생각한다. 공부의 시작에서 종점까지 한마디로 단정을 내리고 말았다. 행하는 쪽은 그렇지 않은데, 이제부터 하나하나 납득이 갈 때까지 공부하여 그것으로 단정을 내리지는 않는다. 실전으로 응용하는 것이 아니면 아무것도 되지 않는다.

공부한 것을 실전에서 그대로 사용하지 못하는 사람이 많다. 그것은 머리 속으로만 조금 기억하는 정도의 공부 —— 그것 때문이다.

몸속으로 스며들고, 몸전체로 느끼는, 바람직한 것은 그런 공부이다.

끊을 수 있는 곳은 어떻게든 끊으면 좋다는 것이 아니라는 것 정도는 누구든지 알고 있다.

여기서도 역시 주변의 상황 여하가 크게 작용한다.

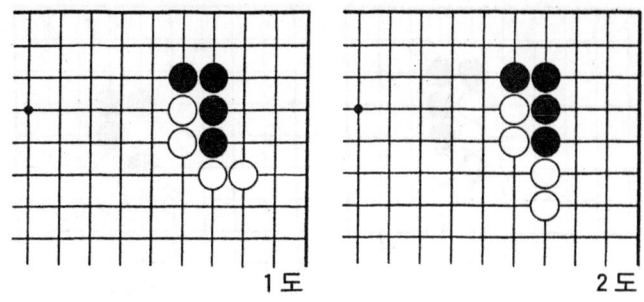

1도   2도

1도 2도 3도

이 세가지 그림을 비교해 보라. 조금씩 형태는 다르다.

문제는 이 세가지 그림에서 흑선으로 두면 각각 백을 끊을 곳이 있다.

그것은 어디일까? 하는 것은 입문할 때의 문제이다.

초급 문제로서는 다음과 같이 된다.

흑선, 백을 끊는데 가장 엄한 끊음은 어느 그림인가?

또 절대로 끊는 것이 불가능하다는 것은 어느 그림일까?

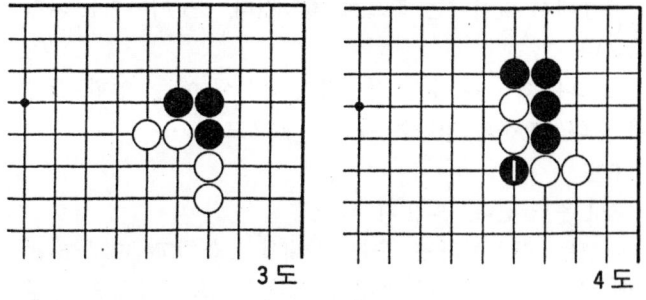

3도   4도

4도

흑1의 끊음. 이것이 가장 엄한 끊음이다. 그것은 백의 대응책, 축도, 장문도 불가능하다. 바꾸어 말하면 끊은 돌이 간단히 빼앗기지 않는 경우가 엄한 끊음이 된다.

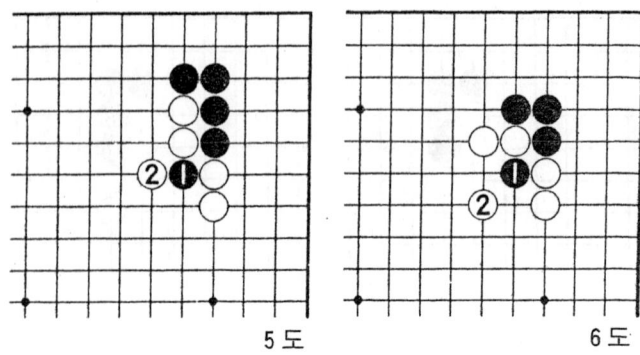

5 도   6 도

5 도

이 방법은 흑 1 의 끊음은 축관계. 흑 양호한 경우에 한 정된다.

흑 1 로 끊었다.

백 2 로 축으로 감쌌다.

흑 3 에서 달아나는 축으로 빼앗긴다, 는 이야기는 되지 않는다.

그러나 축이 흑 좋은 경우라면 4 도에 이은 엄한 끊음이 있다. 장문의 염려는 흑에게 없으므로…….

6 도

흑 1 은 안된다. 백 2 의 장문.

어쨌든 끊음이라는 수는 상대를 2 분하고, 때로는 곧 '상대의 돌을 따는' 데 연결되는 일이 드물지 않으므로 엄한 수임에는 틀림없다.

끊음의 절대 조건은 무엇보다도 끊은 돌 자신이 빼앗기지 않는 것이 첫째 조건이며, 가령,

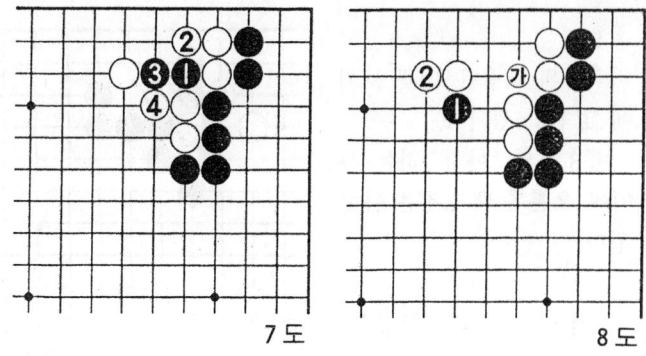

7 도   8 도

7 도

흑1로 끊어는 보았지만 백2, 4의 호수가 있어 끊은 흑1, 3이 빼앗기고 말았다——이래서는 끊은 의미가 없을 것이다.

8 도

흑1의 붙임은 백의 끊음 상처를 노린 하나의 방법이다.

백2로 응하면 이번에야말로 흑가의 끊음이 통렬하다.

그 흑가의 끊음을 당한 백이 7도와 같이 역전은 불가능하다는 것을 확인하라.

그러므로 흑1에 대해 백2에서는 가의 한길 좌로백하는 수밖에 없다. 백2가 왼쪽으로의 전진이라 볼 때, 가의 좌로 백 두는 것은 후진을 의미한다.

9 도

흑1의 끊음은 언뜻 보기에 엄한 느낌이다.

흑3에서 '아차' 하는 사이에 오른쪽 백 2점은 아웃된다.

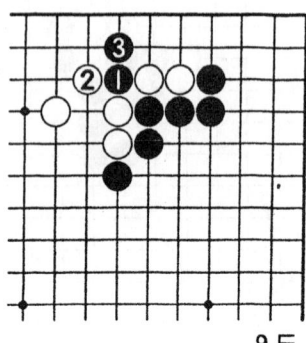

9 도

10 도

흑1의 끊음은 사실은 무리한 수였다.

흑, 본도 백2 이하 흑을 따낼 수 있는 곳까지 읽을 수 있다면, 흑은 엄청난 시행착오이며 난처한 입장에 빠지게 된다. 흑5가 되어 백은 어떻게 하려는 것일까.

11 도

전도에 이어 백1 이하 백5 까지 흑 전멸. 전도 백2 ～ 본도 백5 까지의 방법은 '한 수 헛점축' 이라 부르는 수단이다.

그러므로 끊을 곳을 발견해도 어떻게든 끊기만 하면 된다는 이야기가 안되는 것이다.

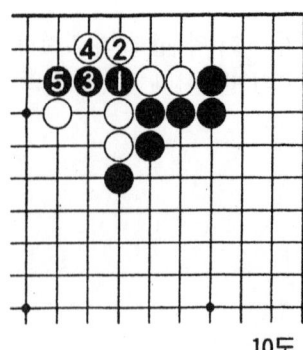

10도

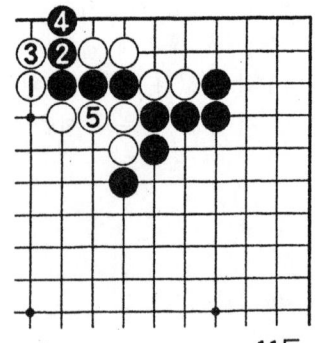

11도

12도

흑1의 붙임. 이런 방법을
둘 수 있을까?

8도의 흑1의 붙임맥이
정말 이해가 되었다면 본도
의 붙임맥도 끊을 의도를 포
함하여 이해되어야 할 터인
데……

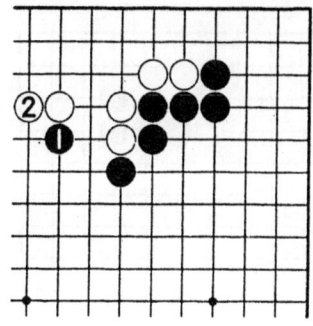

12도

백2로 왼쪽으로 전진하
면 끊는 수는 성립한다.

13도

흑1에 대해 백2, 4라면 흑5가 되어 흑●가 유효한
작용을 나타낸다. 그렇다고 해서 백4에서——

14도

백1로 이으면 흑2로 나와 백은 더 난처하게 될 것이다.

8도와 12도에서 보는 바와 같이 상당히 튼튼해 보인 백
진조차 끊을 빈틈이 있었다.

그런 사실로 미루어——

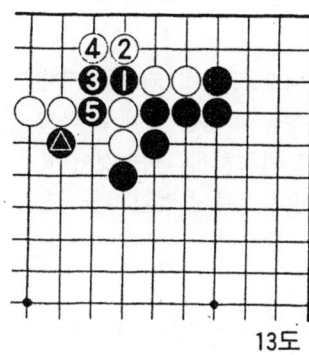

13도

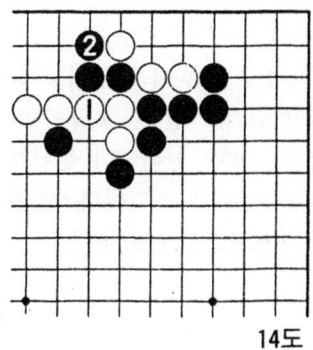

14도

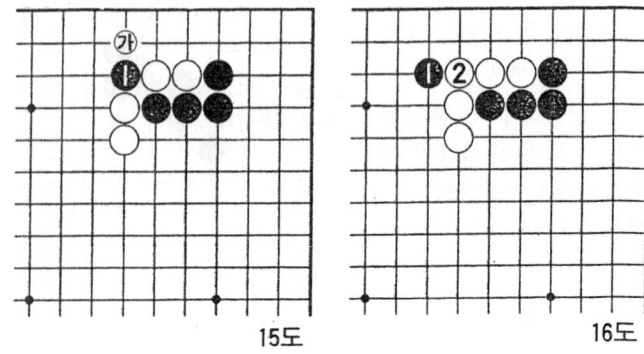

15도   16도

15도

이런 백을 발견하면 주저하지 말고 흑1로 싹뚝 끊어 두지 않으면 끊을 곳이 없을 것이다.

흑1로 끊으면 백가로 두어 어찌될까 하고 생각하는 것만큼 어리석은 일은 없다.

서툰 생각은 그만두는 편이 낫다. 쉬고 있으면 또 모르되 생각하고 있는 사이에 두려워지기도 하고, 끊는 것을 망설이거나 하여, 망설이고 있는 사이, 그 사이에——

16도

흑1로 엿보기를 두거나 하여 백2로 잇게 되어 이적행위가 되기도 한다. 초급일 때는 성공·실패는 별개로 하고 끊기는 곳은 상관없이 끊어가라고 가르치게 되는 것이다.

무슨일이든 경험이다. 경험에서 스스로 무엇인가를 손에 넣는 것이 제일 좋다.

17도

이 장면, 흑에서는 흑1로 끊을 수 밖에 없는 곳이다.

두지 않고 있다가 반대로 백1로 잇게 하면 흑3점은 곧

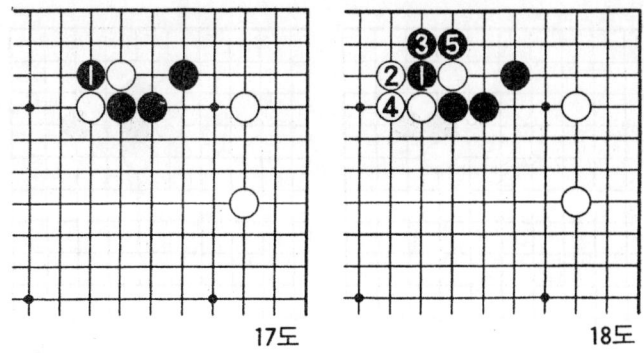

17도   18도

불안해진다.

　그 끊는 수를 알고 있어도 어쩐지 끊으면 백에게 단수가 걸려, 그것으로 끊은 것이 위험하다고 생각하는 사람이 많다.

　백에게 단수가 걸려 흑 달아나면 그것은 판끝으로 흑이 달아나게 되어 어쩐지 위험을 느낄 것이다.

　어쩐지 두렵다——이것이 제일 나쁘다.

18도

　흑1로 끊는다.

　백2로 단수.

　흑3으로 달아난다.

　그것으로 어떻게 흑이 위험한가. 백이 계속해서 두 수 두지 않는 한 아무런 염려도 없다.

　결국 백4, 흑5가 되는 곳이다. 단, 두렵다, 두렵다 해서는 안된다.

　이 페이지에서 보는 4가지의 그림은 모두 '흑선 다음의 한 수로는?' 이라고까지 할 것도 없이 두는 수는 정해

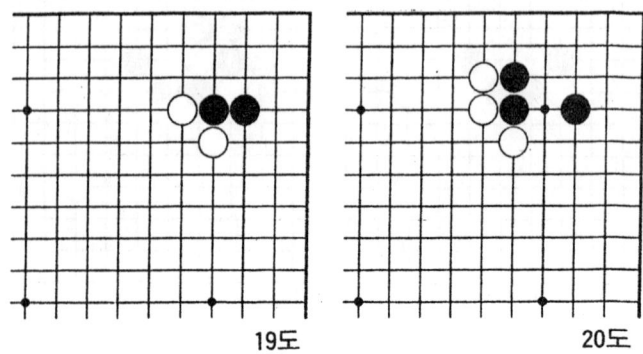

19도   20도

져 있다.

물론 끊음이다.

그것이 실전에서 또 큰곳과 가름과 벌리는 곳이 있어도 이쪽의 끊임이 선결문제로 어디로 두는 것보다 중시해야 한다.

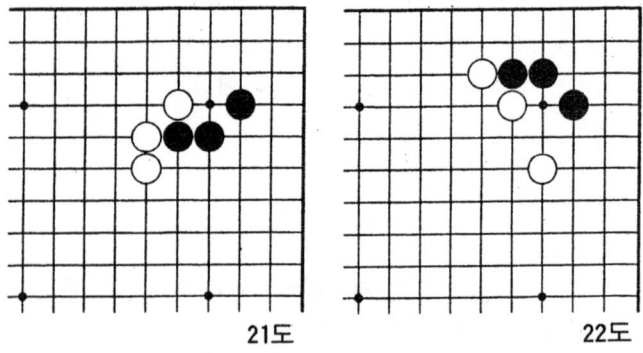

21도   22도

바둑이란 이러한 곳을 끊는 것이라고 생각하라.

앞페이지의 문제를 반대로 백선이라면 어떻게 둘까? 가 되면, 반드시 '적의 급소는 나의 급소'로 흑이 끊는 곳으로 잇는다고만은 할 수 없다.

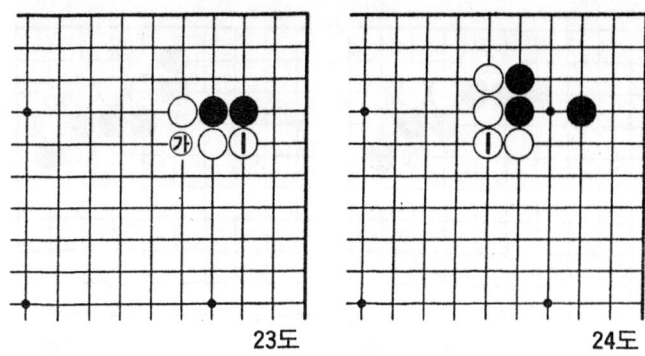

23도

24도

23도

백가의 이음은 단단하지만 느슨하고, 엄하게는 백1의 누름이다.

24도

여기서는 백1의 이음이 묘수.

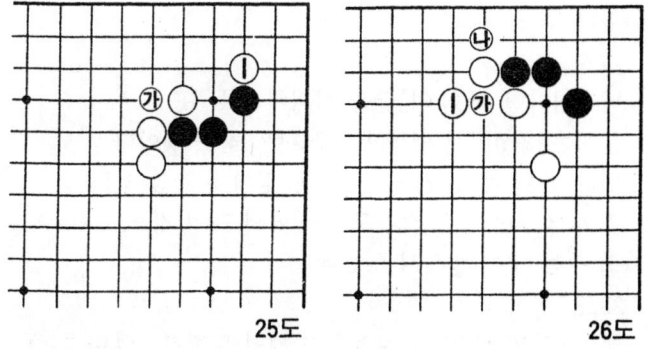

25도

26도

25도

백가의 이음보다 백1로 격렬하게 싸우는 기분. 좀 고급일까?

26도

백1과 백가 혹은 백나 라는 방법이 여러가지 있는 곳.

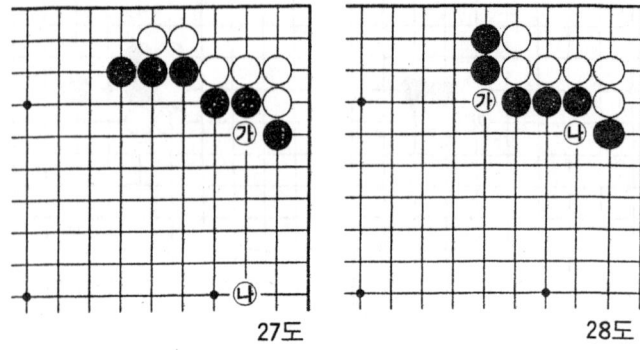

27도   28도

끊어서 좋을 때면 끊고, 나쁠 때를 언제든지 정확하게
판단할 수 있다면 그것이 이제 초급자의 기력이 아니다.
그렇지만 아무리 초급자라고 해도 정도 문제이며 적어도
19～22도에 나타난 끊음 정도는 할 수 있는 느낌이길
바란다.

27도
백선이라면 백가의 끊음 이외에 없는 곳.
문제는 혹선에서 어떻게 두느냐? 하는 것이다.
멀리 혹나의 전개라는 답은 65점에서 70점 정도.
혹가의 이음은? 그것도 65점에서 70점 정도. 이러한
것도 두는 수는 정해져 있는데.

28도
백선이라면 백가로 끊어오는 것이 엄한지, 백나로 끊
어오는 것이 엄한지를 먼저 생각하지 않으면 어느쪽을 이
을지 목표가 정해지지 않는 의미가 있다.
혹선 어떻게 두는가?
우선은 이 두 물음을 시작으로 이음의 이야기를 계속하
기로 한다.

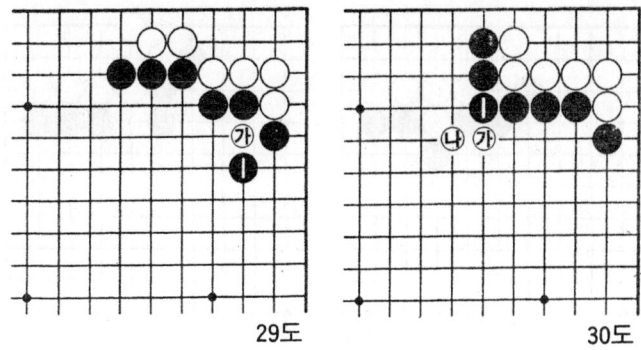

29도   30도

29도(27도의 답)

흑1의 걸쳐 이음이 한 수인 곳.

흑1과 흑가와의 차이는 같은 이음이라도 흑가의 모양이 나쁘고, 아래쪽으로 한길이라도 움직일 수 있는 흑1과의 차를 볼 때, 엄하기는 100점 대 65점으로 보지 않을 수 없다.

30도(28도의 답)

백선이라면 흑의 모양의 바로 중심에 해당하는 백1의 끊음이다. 이것 외에 생각할 수 없다.

흑1의 이음은 아주 단순한 수같지만 이것이 최고의 이음일 것이다.

물론 흑1에서 흑가의 이음도 있을 것이다. 또 조금 공부한 사람이라면 흑나라는 꾸민 모양의 이음도 있을 것이다.

그러나 흑1의 이음을 강조한 것은 이것으로 흑의 모양은 결코 나쁘지 않다. 그리고 두터운 수라 할 수 있기 때문이다.

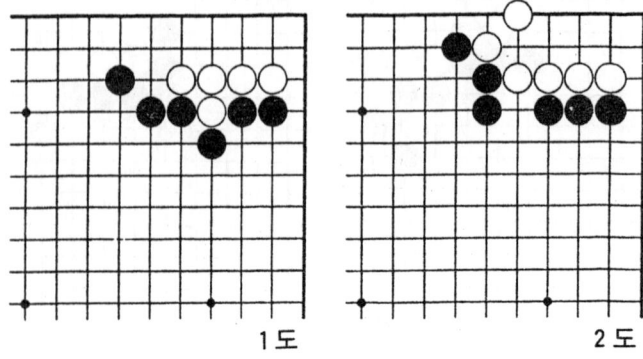

1 도   2 도

이음의 문제

20문

끊는 방법은 대체로 싹뚝 끊는 한 수인데, 잇는 방법은 모양이 좋고 나쁨이며, 잇는 중요한 점을 발견하는 것이다.

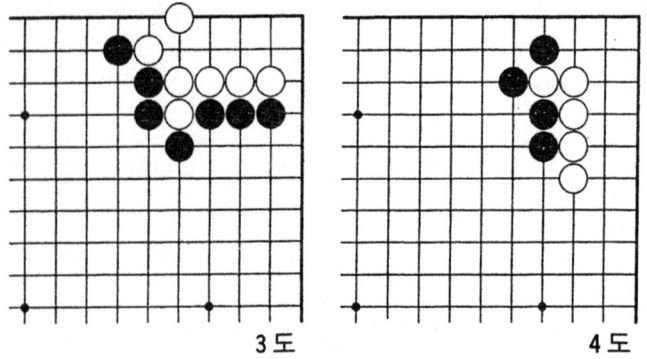

3 도   4 도

여기 20문을 실은 것은 보다 많은 이음의 종류를 알기를 바래서이다.

제 1 문에서 제 4 문까지 모두 흑선, 어디를 어떻게 잇는가를 차분히 생각하기 바란다. 어디를 기는 것이 중대한가를 먼저 생각하고.

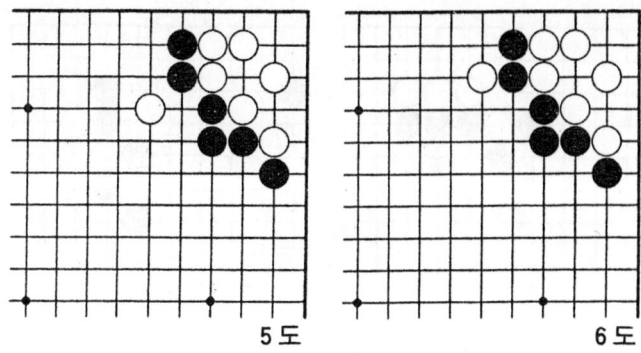

5 도　　　　　　6 도

　이 수페이지의 문제를 대충 보고 바로 답이 있는 페이지로, 그런 경박한 공부 방법은 기력 향상에 아무런 도움도 되지 않는다.

　본래 바둑판에 이 문제의 하나하나를 흑, 백으로 그림

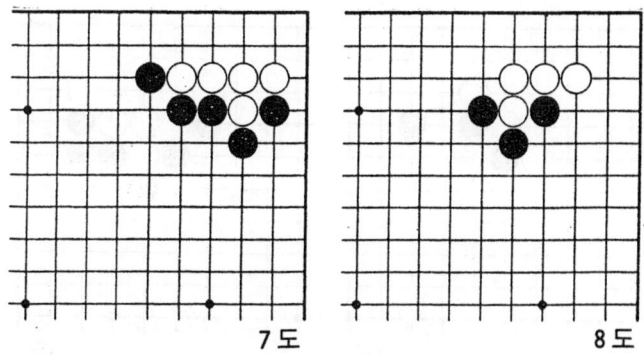

7 도　　　　　　8 도

대로 늘어놓고 생각하지 않으면 안된다.

　제 5 문에서 제 8 문은 모두 흑선에서 잇는 방법을 묻는다. 끊기는 곳이 여기저기에 있으면 곤란하다.

　제일 중요한 곳을 이을 것. 그것이 제일. 그리고 어떻게 잇느냐이다.

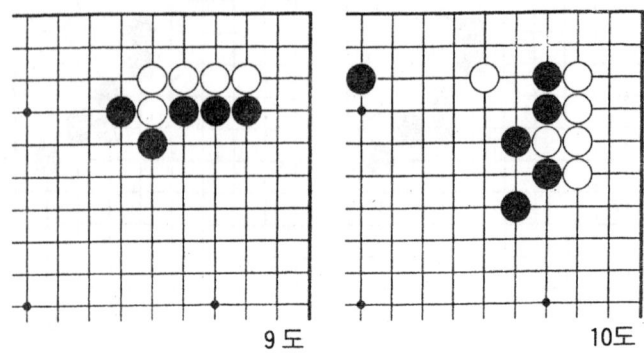

9 도　　　　　　　　　　10 도

　제 3 문의 이음이 좋다는 걸 정말로 알게 되면 제 7, 8, 9 문도 스스로 알 수 있으며, 정말로 이해할 수 있느냐는 제 7, 8, 9 문과 연속 힌트가 나오느냐로 판명한다.　제 3 문에서 머리를 짜내고 있는 동안은 도저히 후속할 수 없

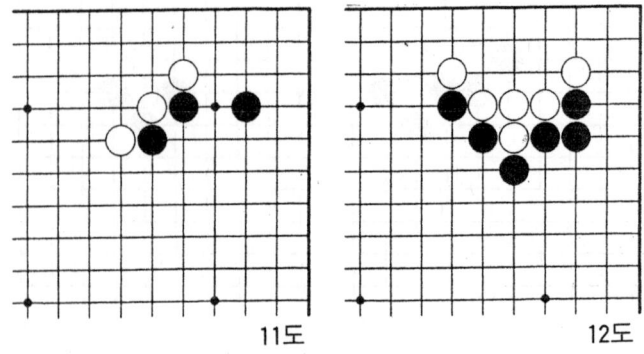

11 도　　　　　　　　　　12 도

을 것이다. '하나를 알면 열을 안다'
　제 3 문에서 신중하게 맞붙어 정해로 확신을 갖는 것이 중요하다.
　제 9 문에서 제 12 문도 혹선에서 어떻게 잇느냐이다.
　제 11 문이 가능하면 제 12 문이 가능하다.

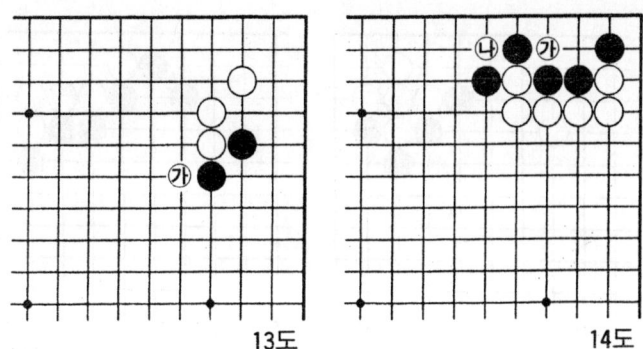

13도   14도

제13문

흑선 어떻게 잇는가?

이곳은 흑**가**로 뻗어 끊는 방법도 있는 곳으로 그것도 좋은 수이다.

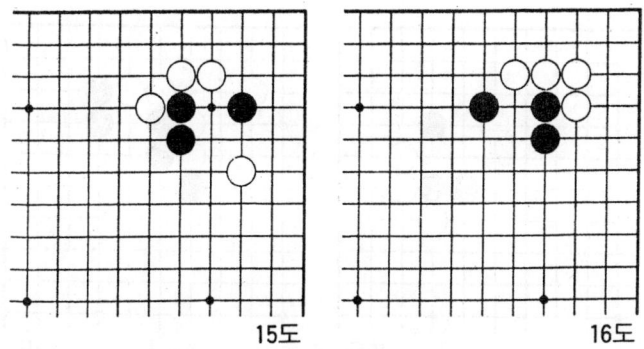

15도   16도

그렇지만 잇는 수도 좋은 수이다. 어떻게 잇는가?

제14문

이곳은 백에서 백**가** 또는 백**나**로 나가면 흑 2분되어 버린다. 그렇다면 흑선이라면 흑**가**나 흑**나**의 이음이라는 것은 돌의 작용이 빈약하다.

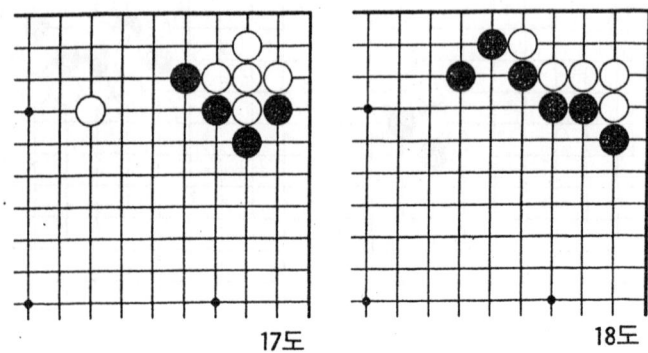

17도   18도

제15, 16문

흑선. 형은 비슷해도 두는 수는 전혀 다르다.

제17문에서 제20문까지 모두 흑선에서 어떻게 잇느냐이다.

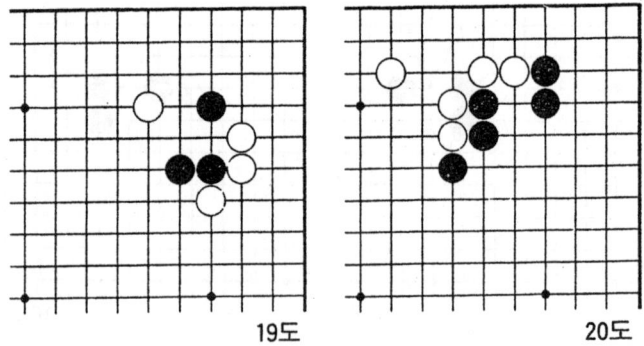

19도   20도

제17, 19, 20 문은 정석에 있는 형 중에서 골랐다.

20문의 답을 별지에 썼으면, 이제 답을 보기로 하자

몇 문제를 할 수 있는가. 자칫하면 전부 불합격일 수도…

그래도 그것으로 실망해서는 안된다.

매일매일 거듭해서 도전하자.

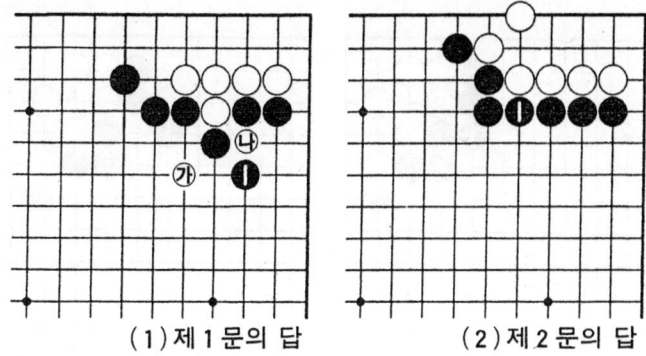

(1)제1문의 답　　　　(2)제2문의 답

이음의 문제 20문의 답

(1) 흑1 걸쳐 이음이 모양이 좋은 이음.

흑1에서 흑가와 이쪽의 이음도 상당한 수이며, 백나
의 끊음은 흑1에서 흑2점을 버려도 외세를 얻어 흑양호

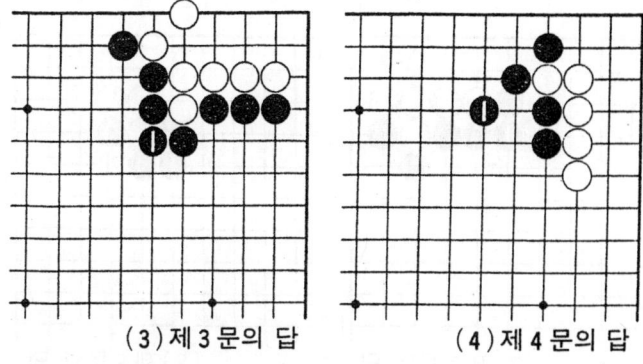

(3)제3문의 답　　　　(4)제4문의 답

하게 된다. 그곳까지의 복안(腹案)이 있으면 흑1도 정해.

(2) 흑1로 잇는 한 수. 이유 없다.

(3) 흑1로 이곳을 단단히 잇는 것이 두텁고 좋은 수가
된다. 흑전군의 중심점이기도 하다.

(4) 흑1로 걸쳐 이음, 흑전군의 모습을 정비한다.

106

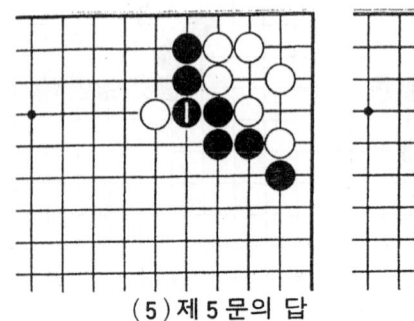
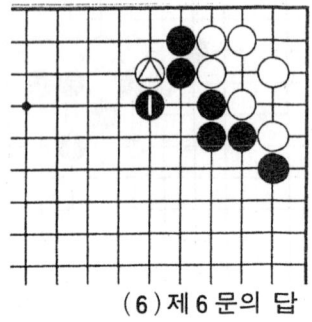

(5) 제 5 문의 답   (6) 제 6 문의 답

(5) 흑 1 로 잇는 한 수.

이 점을 백에게 끊겨서는 곤란하다.

(6) 흑 1 의 이음은 잇는 방법 중에서도 가장 좋은 것에
속한다.

즉 흑 1 로 백에게서 끊음을 막는 이음을 둠과 동시에

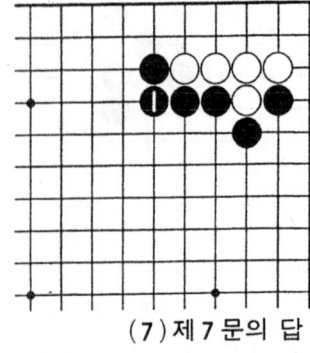
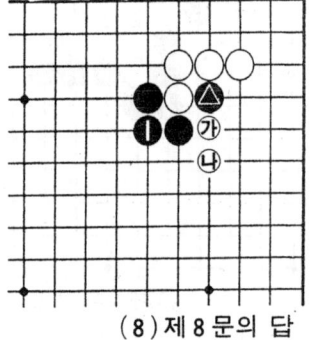

(7) 제 7 문의 답   (8) 제 8 문의 답

백 ◎ 의 활력을 잃게 하는 의미가 되기 때문이다. (5)와
비교해서 이쪽의 흑의 모습이 단연 좋아진다.

(7) 흑 1. 이곳의 이음이 절대점이다.

(8) 흑 1 의 점이 급소의 이음. 흑●는 폐석으로 백가
는 흑나 로 버려 흑이 좋다.

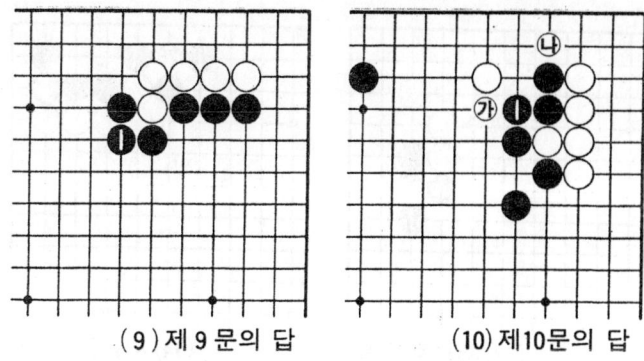

(9) 제 9 문의 답   (10) 제10문의 답

(9) 앞문제와 같은 문제.

흑 1 이 절대의 이음으로 이 한 수이다.

(10) 흑 1. 모양은 흑 좋지 않아도 도리가 없는 곳이다.
언뜻 보기에 흑 1 에서는 흑 가 가 보기좋게 보인다. 그렇

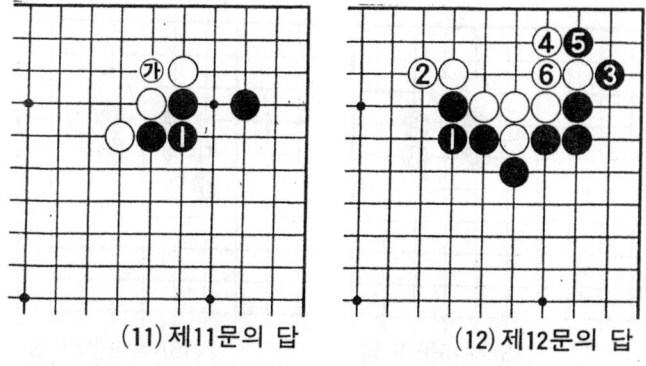

(11) 제11문의 답   (12) 제12문의 답

지만 그것은 백 나 로 젖혀져 백에게 연락을 허용하고 만
다. 그것은 흑 당할 수 없다.

(11) 이것은 이미 알고 있는 급소의 이음. 흑 1 이다. 이
것으로 흑 가 로 끊는 방법도 있지만 …….

(12) 흑 1. 앞문제의 응용 문제이다. 백 2 라면 흑 3.

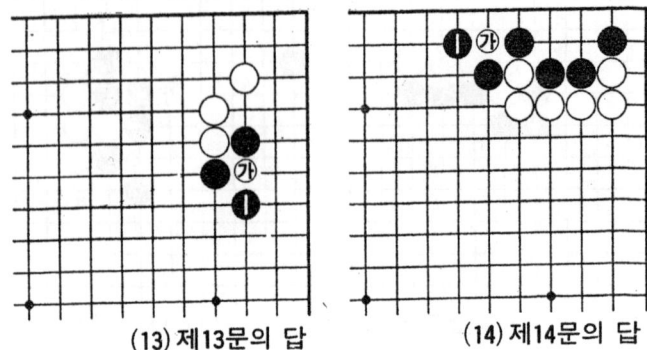

(13) 제13문의 답   (14) 제14문의 답

(13) 흑1 혹은 흑가 가 정해. 그 밖의 수는 실패.

(14) 흑1, 모양도 좋고 좌방면으로의 작용도 있으므로 흑1에서 흑가 와의 차를 살펴보라.

(15) 흑1의 이음을 '쌍립 이음'이라 부르며 흑1에서

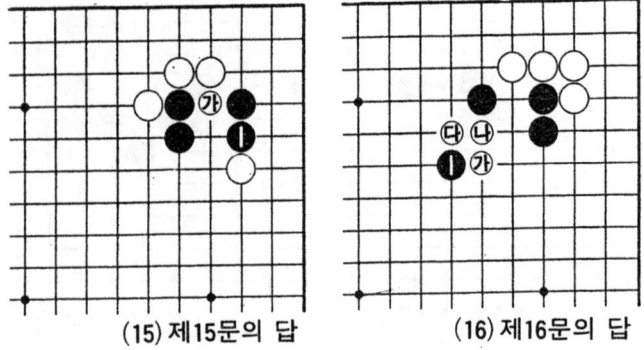

(15) 제15문의 답   (16) 제16문의 답

흑가로 이을 생각이 없는 수와 비교하여 흑1의 양호함에 눈을 뜨자.

(16) 흑1, 아주 경묘(輕妙)한 이음이다.

흑1에서 흑가도 그저 그렇고, 정해쪽으로 기울 것이다. 흑나, 흑다 는 좋지 않다.

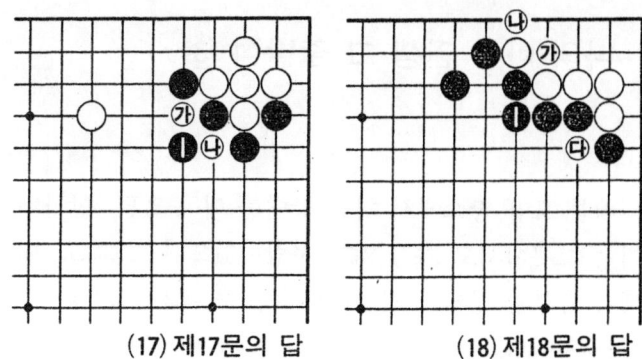

(17) 제17문의 답　　　　(18) 제18문의 답

(17) 흑1, 걸쳐 이음이다. 그렇지만 '나팔이음'이라고
도 부르는 수이다. 가, 나 2점의 끊음을 동시에 막는다.
흑1에서 흑나 의 이음은 양호하다고 해도 그 외의 수는
모두 실패이다.

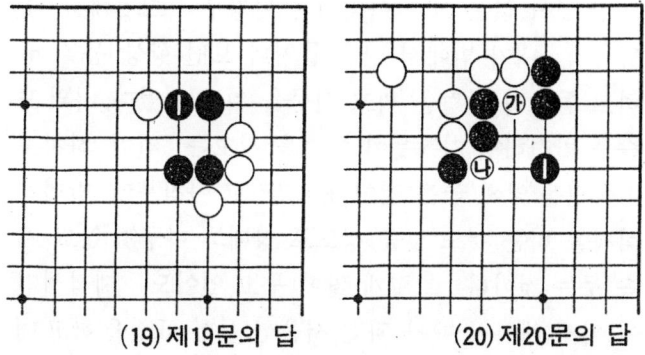

(19) 제19문의 답　　　　(20) 제20문의 답

(18) 흑1, 이것은 맹호와 같은 한 수. 이 점을 백에게
두게 해서는 안된다.

(19) 흑1은 (15)와 같은 요령.

(20) 흑1의 준비는 백가 로부터의 나와끊음과 백나 의
양 점의 결점을 한번에 해소한다.

나의 바둑 인생 그 출발점 ③

바둑 모임 장소에서 처음 상대를 해 주었던 할아버지는 그곳에서도 가장 약한 사람이었으나, 그래도 내게는 승부는 문제도 안될 정도로, 즉 내가 그만큼 몰랐던 것이다.

그래도 이 할아버지가 초심자인 나를 상대로 몇 번이고 기꺼이 두어 준 것은 나 이외에 상대가 별로 없었기 때문이었을까? 그리고 일국 둘 때마다, 이제 알겠지, 알겠지 하고 격려해 주었던 것이다.

할 일이 없는 그 할아버지는 아침부터 그곳에서 있었는데, 내가 밖에서 안을 들여다 보면 항상 등을 굽히고 돋보기 안경을 끼고 신문을 읽고 있었다. 나의 모습을 발견하면 기쁜듯이 미소를 짓고는, 같이 하자고 바둑판을 앞에 놓는 것이다. 그리고 아침부터 밤까지 식사를 하는 것도 잊을 정도로 상대도 바꾸지 않고 계속 두는 것이다. 그렇게 많이 두고 있어도 폐점시간이 와서 헤어질 때가 되면 서운한 듯한 표정을 하고 내일도 일찍 오라고 말하는 것이었다. 이렇게 두라, 저렇게 두라든가 하는 말은 결코 하지 않고 항상 나를 제압하므로 나도 투쟁심이 일어, 돌을 따는 요령도 조금씩 알게 되고, 이기기도 하고 지기도 하게 되자 이제 재미있어서 그만둘 수 없게 되었다.

제4장

접촉전의 기본기(Ⅲ)

—머리와 꼬리—

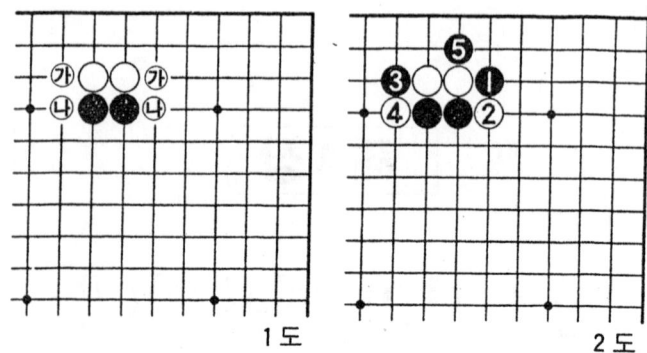

1 도   2 도

머리와 꼬리

접촉전에서——

1 도

이와 같이 양군의 돌이 비스듬히 줄을 지어 갈 때는 선수로 두는 쪽이 절대 우세한 싸움이 된다는 것을 알아 두자.

쌍방 포석의 기본선이라 불리는 백 3 선상, 흑 4 선상에서의 싸움인데,

가, 가 양 점이 백의 머리.

나, 나로 흑의 머리이다.

여기서 주목해야 할 것은 쌍방 머리가 두 개 있고, 꼬리가 없다는 것이다.

흑 선수였다면——

2 도

자신이 내키는 쪽의 머리를 두들긴다는 선택권이 크며——

가령 흑 1 의 머리두드림.

백 지지 않으려고 백 2 의 머리로 반발은,

흑 3 으로 백의 양머리를 두드린다.

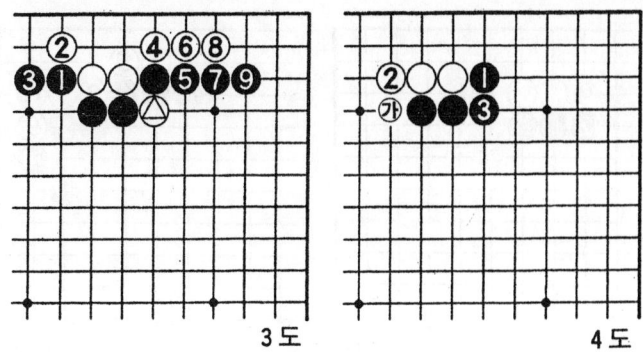

3 도   4 도

여기서 백 4 의 난폭을 허용할리가 없다.

흑 5 에서 백 무참하게 아웃되는 비극.

3 도

흑 1 의 양머리 두드림에서 백 2 이하 정면으로 두면 백 살아나는 수도 있다.

그렇지만 이것은 곤란하다. 흑 얌전하게 받고 있을 뿐, 백 포석에서의 패선(敗線)이라 불리는 2 선상을 기어가게 되어 흑의 외세강대.

梶原 9 단은 아니지만 여기서는 바둑은 끝(흑승리의 뜻) 이다.

그러므로 백△의 엉뚱함도 좋은 곳, 처음부터 백에게 반성을 촉구한다.

4 도

흑 1 의 머리 두드림에——

백 2 로 또 한쪽의 머리를 중요시 하지 않으면 안된다. 백 2 에서는 백가로 흑의 머리를 다시 치고 싶어도 그것은 흑 2 의 끊음이 엄하며, 또 3 도와 같은 것이 될 것 같다.

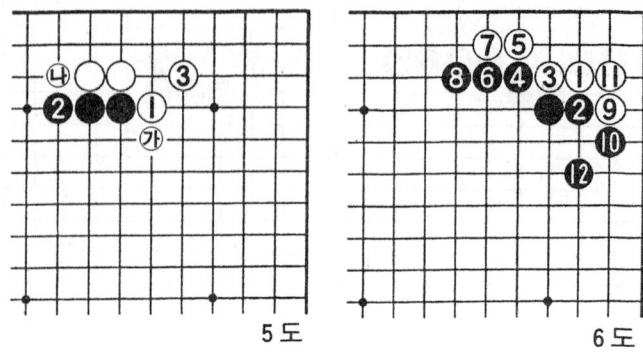

5 도   6 도

　흑 3. 이 이음이 중요한 점으로, 이것으로 흑 충분한 태세로 이렇게 된다. 흑 1 쪽으로 할지, 2 쪽으로 할지 그 선택권을 쥐고 있는 것은 백 자신에게 좋은 쪽에 둘 수 있다.

　5 도
　반대로 백에서 선수로 둔다면 어찌 될지도 알아 보자.
　백 1 의 머리.
　흑 2 는 또 한쪽의 머리로 생각하는 것은 당연하다.
　그렇지만 백 3 의 이음 정도로 백 충분.
　무엇보다 바둑에 따라서는 백 가 로 뻗어끊는 것도 가능하며, 또 집에서 분발하려고 생각하면 백 나 로 둘 수도 있다.
　비스듬히 줄지어 가는 싸움의 선수는 양군의 명암을 분명하게 한다.

　6 도
　흑 귀로의 화점두기에 대해 백 1 로 3 · 3 들어가기를 직접 행하는 일이 적은 것은 첫째로 흑 2, 백 3 으로 안행전(雁行戰)에서 흑 4 로 백의 머리를 두드리는 곳이 되며 백 5 이하 흑 12 의 일단락을 마치기까지 백의 실리 10집

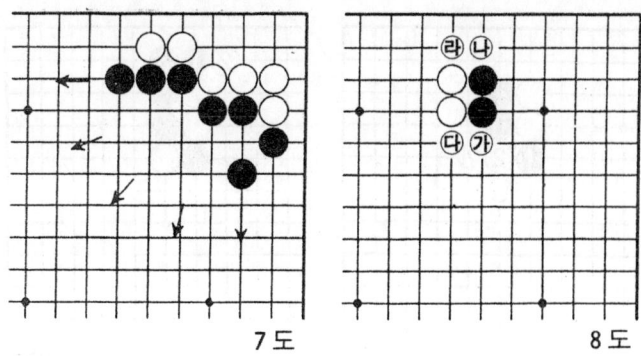

7도   8도

여에서는 이 압도적인 흑의 외벽에 대항할 수도 없다는 것
이 역력하다.

　이 흑의 당연한 양호함을 그렇게 좋다고 생각하지 않는
사람이 의외로 많은 것은 외벽에서 비치는──

　'힘의 빛'이 보이지 않는 증거라 할 것이다.

　7도

　여기서 보는 그것이야말로 흑의 힘의 빛이 아니고 무엇
일까. 이미 3도에서 본 흑의 외벽에서 바둑은 끝이라고
했으나 그것은 한결같이 흑의 '힘의 빛'일색이기 때문이
다. 그런 좋은 점을 모른데서야…….

　8도

　그 흑백 안행전이 본도와 같이 한복판을 가리키고 있게
되면, 이번에는──

　흑 가가 머리, 나가 꼬리.

　백 다가 머리, 라가 꼬리.

　즉, 한쪽이 판끝으로, 한쪽이 한복판으로 라는 안행은
머리와 꼬리의 관계가 분명히 나타나 있다.

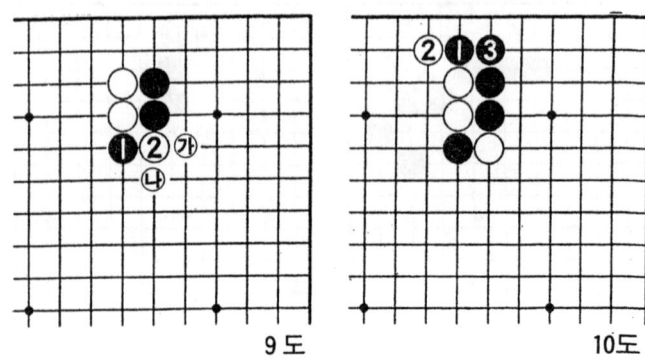

9 도   10도

9 도

흑 1 로 백의 머리를 두드린다.

그러나 백 2 로 필사의 반격을 어떻게 하느냐이다.

초보단계에서는 흑가 나 흑나, 지금 끊어 온 백을 어떻게든 따고 싶다는 마음에 사로 잡힌다.

백 2 는 어떤 명인 상수가 흑을 쥐고 두었다고 해도 도저히 딸 수 있는 돌이 아니다. 그 딴다는 것이 불가능한 돌을 따고 싶어하므로 흑 무리로 정해져 있다.

10 도

전도에 이은 흑의 올바른 방법은 흑 1 로 백의 꼬리를 두들긴다는 것. 머리와 꼬리를 두들여 백 2 점을 상하에서 프레스 하는 흑의 좋은 기분을 맛보고 싶어한다.

이리하여 나머지는 차분히 싸우는 기분이 중요.

전투체형은 물론 흑 좋다. 나중에는 몰라도 이 스타트는 흑 단연.

10도 흑 3 까지에서 흑 단연 좋다고 하였지만, 무엇이 단연인지 납득할 수 없는 사람에게는 웬지 몰라도 그런 것 정도로 아무런 감격도 없을 것이다.

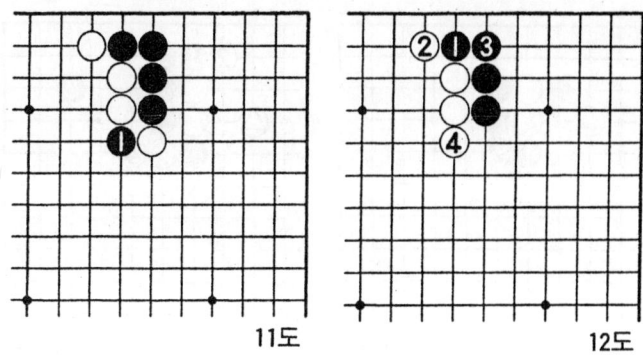

11도   12도

11도

이 접촉전 스타일. 이 형태에서 흑1로 끊을 수도 없다면 어찌할 도리 없다.

끊으면 그것이 다시 흑이 좋도록 정해져 있으며, 혹 할 수 있다!고 느끼지 못해서는 안된다.

수순조차 다르고, 10도 흑3까지는 이 모양과 한치도 다름없다. 그러므로 단연이라고 하고 있을 것이다.

12도

흑1, 3은 머리와 꼬리를 잘못 알고, 먼저 꼬리쪽을 두드린 것. 그렇다면——

백4로 백은 머리를 두게 되어 흑 전도의 양호함을 기대할 수 없다.

역시 '머리 두드림'이 먼저.

주변의 관계가 아무것도 없을 때는 당연히 2점 안행전은 머리를 두드리는 것이 좋다.

그렇지만 주변의 관계가——

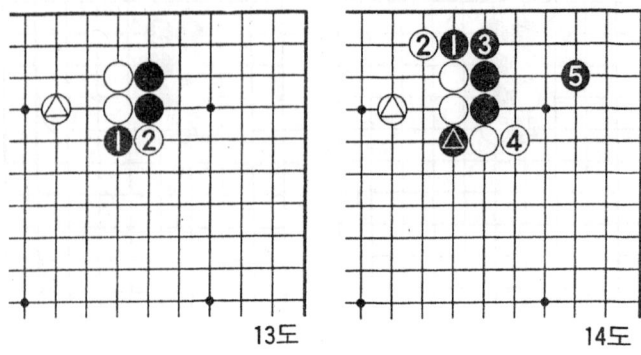

13도

14도

13도

백△가 하나만 있어도 양상은 달라진다.

그것은 이 안행전에 백△가 전투참가하고 있어 병력차가 나오기 때문이라 할 수 있다.

무엇이 어찌되었든 머리를 두드리기만 하면 된다는 생각은 안된다.

이 경우, 흑1로 머리를 젖히는 것은 백2로 끊겨 흑 좋지 않다.

14도

전례의 요령으로 흑1, 3으로 꼬리 두드림. 여기서 주목하지 않으면 안될 것은 백△의 참가가 이 전투에 큰 영향이 있다는 것이다.

백4가 되어 백도 충분히 싸울 수 있는 모습이 되어 있다.

흑5에서 흑의 주력부대는 눌리기는 했으나 흑●로의 백의 공세는 급(急)이 될 것이다.

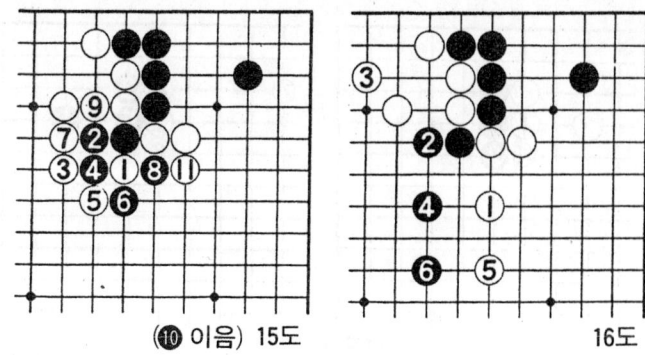

(⑩ 이음) 15도   16도

15도

이야기가 약간 옆으로 새지만, 전도의 뒤는 백1, 3.
이것은 좋은 공격 수법으로 흑4 이하 달아나기를 기다려
'굳힘'이라는 수단으로 흑을 동그랗게 둥글린다.

흔히 말려 들어간다는 것은 변변치 못한 것으로 이 흑
을 그림으로 그린 것과 같은 것.

이 후도 아마 흑은 그 형의 우둔함에서 행동은 생각에
따르지 못할 것이다.

16도

백1은 안정된 싸움 보조로 가려고 한 것이지만, 이렇게
되면——

흑2, 4, 6.

흑도 호각으로 싸움을 누를 수 있을 것이다.

전도와의 차는 아주 크다.

백의 전도의 방법은 충분히 익혀 두어야 할 것이 있다.

어찌되었든 백 호조에는 변함없으나,

17도

처음으로 돌아가자.

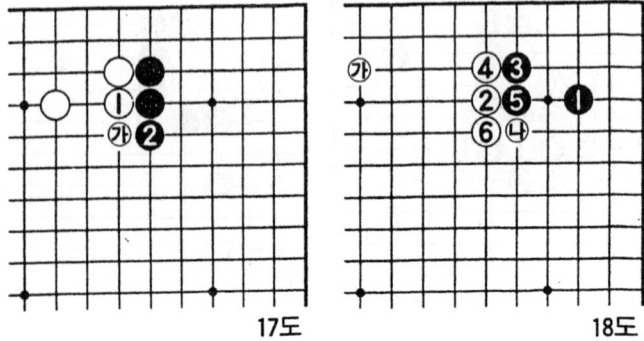

17도   18도

백1일 때 흑2로 스스로 머리를 확실히 둔다. 이것이 이런 순간에 절대라고 볼 수 있는 점으로 우선은 이 한수 일 것이다.

그것은 주변의 상황 여하가 흑2를 좋게 하며, 혹은 흑 2에서 흑가를 좋게 한다. 그 취사선택을 언제든지 옳게 판단할 수 있는 것이, 즉 바둑이 강해지는 한 부분이 된 다는 것과 관련이 있다.

18도

흑1 이하 백6까지, 이것은 맞바둑 정석의 하나이다. 흑은 귀의 실리를 차지하고 백은 외세를 중시하는 갈림길 이다.

백6에서 왜 백가로 벌림을 두지 않는 것인가, 왜 백 나로 흑의 2점의 머리를 젖히지 않는가, 이미 설명을 더 할 필요는 없을 것이다.

백6의 뻗음이 절대.

그렇게만 말해도 현명한 독자라면 이해할 수 있을 것이 다.

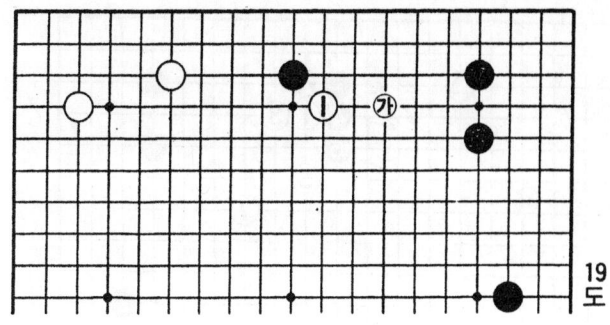

19도

백 1 의 '걸쳐 붙임'이라 부르는 얇게 모양을 제지하려
드는 수법이 있다.

백 1 에서 백가 의 돌입은 고전이라 볼수 있으므로 깊이
들어가지 않는 편이 좋다는 것이다.

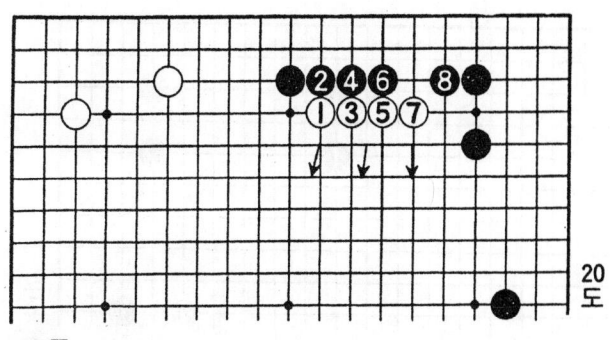

20도

백 1 에는 흑 2 이하 흑 8 까지, 혹은 집을 단지 얻음(구
걸)으로 혹이 전연 좋지 않은 게 아닌가 하고 생각하기 쉽
다.

백으로부터 발하는 '힘의 빛'을 보지 못한 것이다. 프
로는 이것이라면 백이 좋다고 본다.

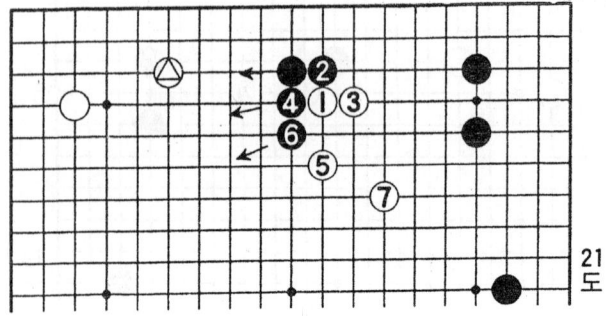

21도

프로가 두면 백 1 이하 백 7 로 이런 식으로 갈라진다.

흑 4, 6 에 의해 '빛' 으로 보는 세력을 과시하지만 그 것을 백⊿가 견제하여, 이런 때는 백의 얕게 제지하는 작전이 성공했다고 볼 수 있다.

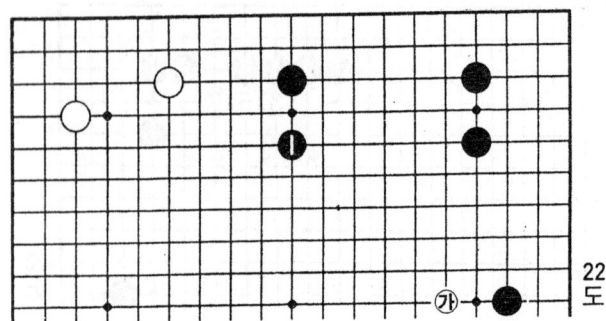

어깨 붙임에 의한 얕게 도전하는 작전은 20도와 같이 되어, 백이 좋지 않은 잘못된 방법을 취하면 도전할 때를 놓치고,

22도

흑 1, 또는 흑 가로 두어 흑 세력권은 거대한 집모양이 된다.

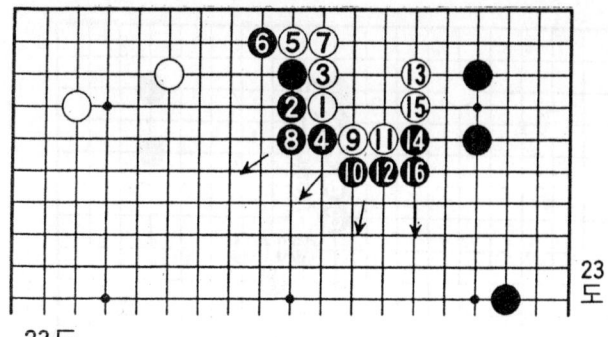

23도

백 1에 흑 2로 중앙으로 눌러 올리는 것도 훌륭한 응접이다.

백 3은 난폭하니——

흑 4로 염려 말고 2점의 머리를 두드리라.

백 5 이하 흑 16까지 거의 필요하다고 보이는 수순이다. 이리하여 백은 흑세력권내에서 책상다리를 하고 진지 구축을 잘하였다고 본다면 그 사람은 역시 흑의 '힘의 빛'을 보지 못한 증거이다.

프로의 눈으로 보면 이것은 흑에게 우세하다는 것이 너무나도 분명하다. 이 흑의 우세를 모른다면 도리가 없다.

그러므로 백 3에서는 —

24도

백 3으로 한복판으로 나와 흑으로부터의 머리 젖힘을 피하도록 하지 않으면 안된다.

백 3은 정해진 형이다.

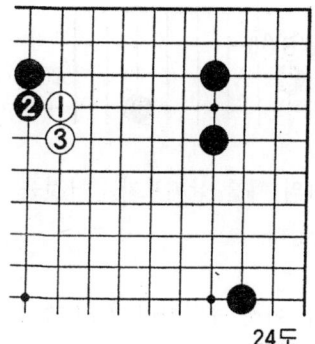

24도

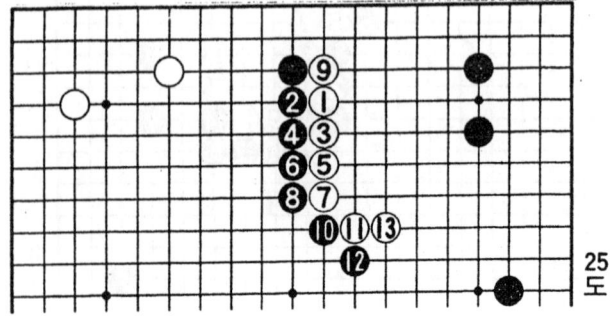

25
도

25도

백1, 3에 대해 흑4 이하 거침없이 누르고 올라가는 것은 '차의 뒤를 밀어서는 안된다'는 말을 어긴 것으로 기회를 봐서 백9 등으로 자리를 고쳐잡고 흑10의 머리도 23도의 머리 정도의 위력이 없다고 하면 한결같이 흑모

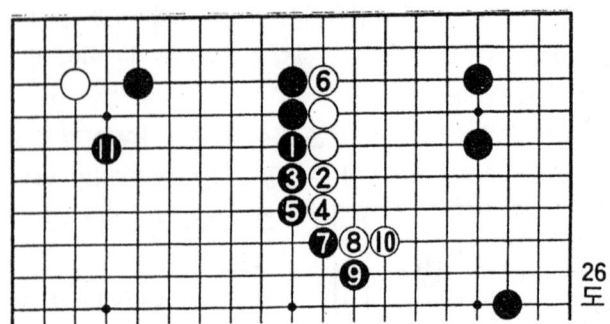

26
도

양은 백에게 망가진다. 23도와의 차를 살펴보자. 이것은 흑 좋지 않다. 흑4 이하가 안된다.

26도

왼쪽이 이런 장면이라면 흑1 이하 유력하며 흑11까지 흑 크게 좋다.

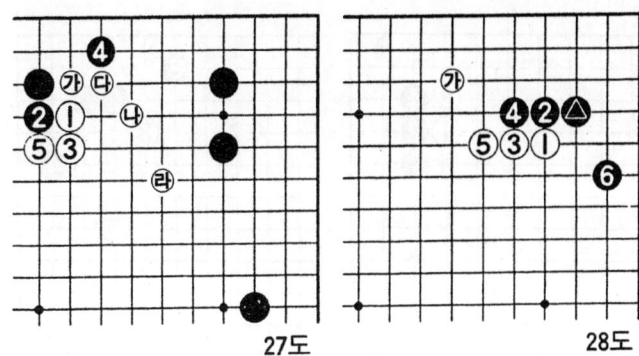

27도   28도

25도는 흑 나쁘다.

26도는 흑 좋다.

이 양 도를 비교하여 흑이 하고 있는 것이 조금이라도
잘못되지 않았는가를 살펴보자.

똑같은 것을 하였다. 게다가 한쪽에서는 '나쁘다'고 하
고, 한쪽에서는 '좋다'고 한다.

이것이다. 이곳이 바둑의 재미있는 점의 하나이다. 항
상 주변의 상황 여하가 문제가 된다.

그러므로 금언도 꼭 믿어서는 안된다. 이 양도의 흑의
행위는 금언지상주의의 관점에서 보면 모두 해서는 안될
것을 하고 있으므로.

27도

흑4가 호수가 된다. 생략하고 백가로 누르고 들어가
면 흑 한번에 비세(非勢)가 되는 곳이므로 흑4로 흑의근
거를 확실히 하고, 동시에 백에게 근거를 주지 않는 하나
의 쟁점이다.

흑4에서 흑가는 백나, 흑다, 백라로 백의 모습도
바로 잡아가고 있는데, 흑에게 있어 불만이다.

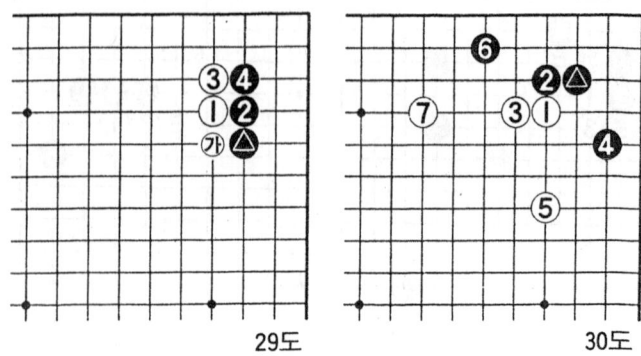

29도   30도

'머리도 중요, 꼬리도 중요'

이 백 1 이하 백 5 의 응접에 그것을 둘러싸고 눈에 보이지 않는 불꽃이 튄다.

28도

흑● 소목의 위치에서는, 백 1 의 어깨붙임은 분명히 말해 거의 없는 수이다. '거의'라고 한 것은 특수한 주변의 상황에서는 있을지도 모른다는 것이다.

그렇지만 포석에서는 '없는 수'로 단언해도 좋을 것이다.

그것은 흑 2 이하 흑의 실리가 크다.

흑 6 에서는 흑가로 그쪽도 있다. 그것이 백 견딜 수 없기 때문이다.

29도

흑● 눈떼기의 위치에 백 1 의 어깨붙임은 흑 4 까지 흑불만없다. 그밖에 흑가의 고목, 흑 1 의 화점에 대해 어깨붙임은 없는 수.

30도

흑●의 3·3의 저위치에 백 1 이 성립.

127

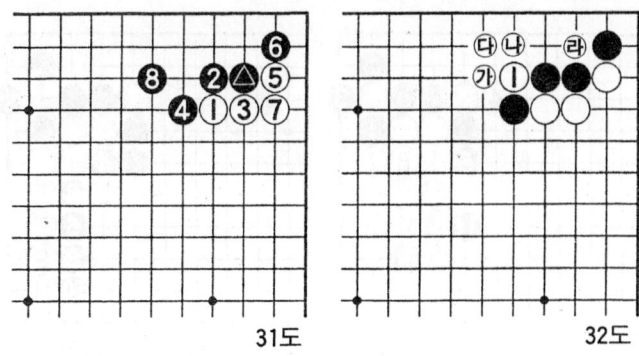

31도

32도

31도

백 1 의 어깨붙임은 흑●이 3·3 에서 위치가 낮으므로 28도에서와 같은 흑 4 선상의 큰집은 없다고 본것이며, 외세를 얻어 어떻게든 해 보려는 것이다.

그러나 백 3 은 안된다.

흑 4 로 정면으로 백의 머리를 맞아서는 곤란하다.

백 5 로 꼬리쪽을 두게 되며, 흑 8 로 준비하게 해서는 백은 무엇을 얻으려 이렇게 둔 것인지 의미가 불분명하다.

30도 쪽이라면 실을 주어도 외세를 얻는다는 것으로 의미는 알 수 있다, 는 차이다.

그렇지만, 백 7 에서──

32도

백 1 의 끊음은 없을까?

그 답은 무폭(無暴)의 백 1. 그 한마디로 끝난다.

단──

흑가, 백나, 흑다, 백라 로 되면 '무리가 통해 도리가 물러난다'고 할까, 혹 비참하다.

방심은 안된다. 냉정 정확하게 싸워야 한다.

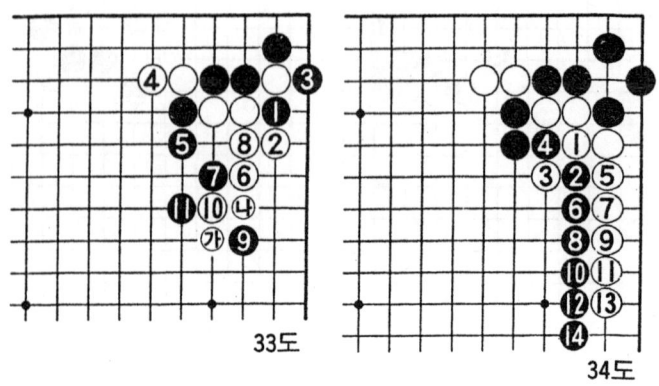

33도

34도

33도

전도에 이어서는 흑1이 확실한 수이다.

백2, 4 정도일까, 흑5로 착실한 싸움 태세를 살펴보라.

백6이라면——

흑7이 급소의 수단. 이것으로 백 패했다.

흑9는 이렇게 잘 두지 않아도 좋을 정도이지만, 이 흑 9는 백10, 흑11이 되어 가와 나가 균형점이 되며, 백 의 일단은 아웃의 비극을 맞는 곳이 된다. 그러므로 백 무 폭이라 한 것이다.

수순 중 백6에서——

34도

백1의 이음이라면——

흑2의 붙임은 단편의 강타!

백3 이하 다시 이것은 차마 볼 수 없을 정도의 백 2선 상의 엉금엉금. '엉금엉금 기는 아이는 잘 자란다'고 비 웃음받으면서 살아가는 부득이한 조치.

흑은 백을 살려 주어도 뜻대로 외세전국을 누르고 흑 필 승 의심할 여지 없다.

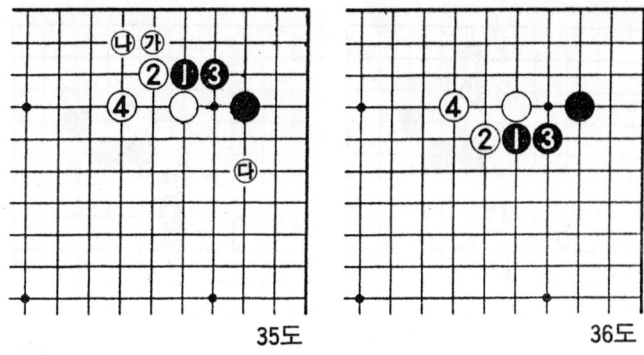

35도   36도

35도

백, 혹 한 칸 대치형에서 혹1, 3의 '붙여 당김'은 정석이며, 상급자는 말할 것도 없이 프로사이에서도 항상 볼 수 있다.

문제는 이 후로, 초급자에 한해서 혹가로 그곳이 꼬리두기라는 데에 생각이 미치지 못하는 것이다.

백나로 받게 되기까지.

혹가에서는 혹다로, 그 점으로 두고, 혹이 한귀에 틀어박히는 것이 아니라는 것을 의지표시하지 않으면 안된다.

36도

혹1에서 백4까지, 전도와 똑같은 동작에 지나지 않는다.

그러나 붙임 장소가 다르다. 전도의 혹의 뜻은 귀의 집을 따는데 있고, 본도의 혹의 뜻은 외세를 얻으려는 뜻. 이 뜻을 분명히 의식하지 않으면 후의 방법에 혼란이 생길 것이다.

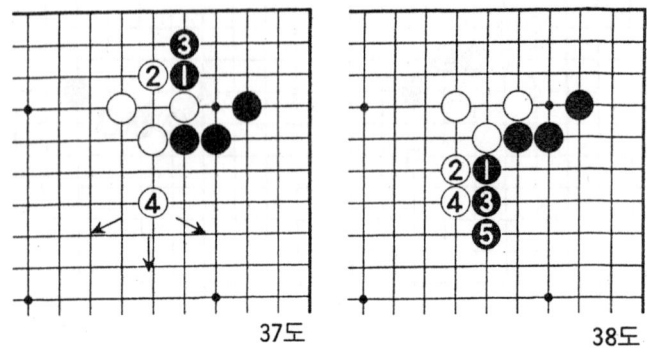

37도   38도

37도

흑1, 3으로 두는 것이 정석으로 되어 있다.

그렇게 귀의 집을 확보하지 않으려면 처음부터 35도의 붙여당김으로 의지를 일관하는 편이 순수한 행위이다.

사리에 맞는 생각이라면 흑1, 3은 외세를 얻으려 36도의 붙여당김을 두었다하더라도 도중에 뜻이 변하여 귀의 집도 원치않게 되는 느낌이며, '일관성이 결여'

이 점이 이 정석으로의 의문이 되는 것이다. 물론 주변의 상황여하로 이 귀를 확보하는 것이 좋은 경우라면 본도 흑1, 3도 수긍할 것이며, 아니 그런 경우라면 역시 35도의 수순행위가 나을 것이다.

반대로 백4는 이 형에 있어서 '머리'를 누르고 끊었다고 볼 수 있는 뜀이며, 백4에서 말하는 '힘의 빛'은 그림에서와 같이 환희 빛나며 전국을 비예(睥睨)하는 느낌이다.

38도

흑1이야말로 이 형에서 '머리' 이외의 아무것도 아니며 '쟁점'은 바로 이곳.

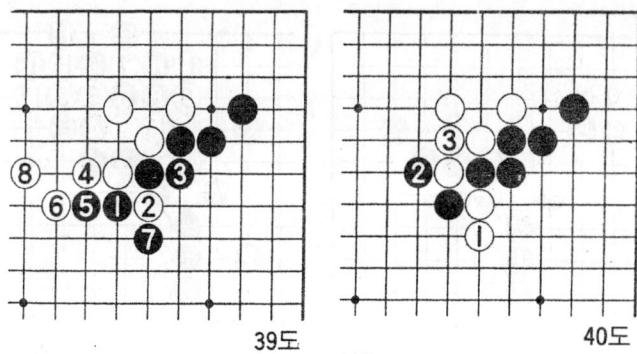

39도   40도

이곳을 흑이 두어야만 36도의 외세를 노린 붙여당김에 일관성이 생긴다.

백2도 당연한 젖힘이다. 이것을 생략하고 흑2를 두게 한다면 이야말로 흑은 머리를 누르고 끊는다 할 수 있다.

이어서 흑3, 흑5, 견실한 방법이다.

흑3에서는——

39도

흑1로 '2단젖힘'으로 싸우고 싶다.

백2 이하 백8까지는 정석.

40도

전도 백4에서는 본도 백1로 일전을 마다않고 왜 싸우려고는 하지 않을까?

그것은——

흑2의 젖힘 일발!

그 수가 이 접촉전의 운명을 결정할 정도의 의미를 가지지 때문이다.

흑2로 머리를 두드리고, 백3으로 굽힌다——이 단 일발로 흑 단호한 감을 짙게 한다.

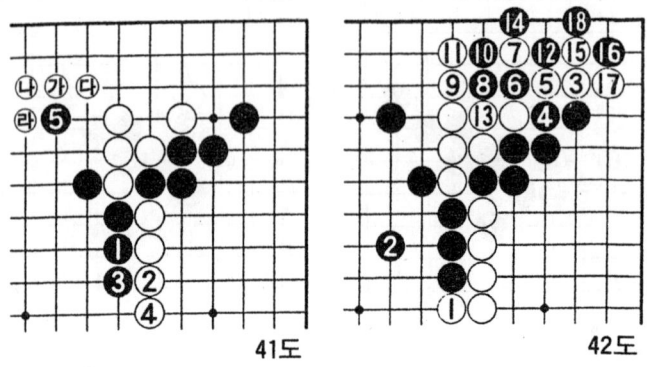

41도   42도

41도

가령 그 후, 흑1로 누르면 백2는 절대. 생략하면 흑2의 '머리두드림'

또한 흑3에도 백4로 부득이한 곳.

일전하여 흑5의 포위.

이러한 상태에서도 백이 상방 살리려고 백가, 흑나, 백다, 흑라 등으로 두게 되면, 외세력은 흑 강대하게 되며, 그 좋은 점을 인식하지 않으면 곤란하다.

포위 ＝ 딴다는 것이 아니라, 포위 ＝ 외벽의 좋은 점이다.

42도

전도에 이어서 이 공방전은 어떻게 될까.

백1, 천량구부림.

흑2, 모양의 급소.

백3, 귀를 버티고 엿보기를 꾀하는 것은,

흑4 이하의 역습이 엄해서일까.

백7 이하 서로 피할 도리가 없는 싸움이 되어 백15까지가 되며, 흑16의 맥에서 흑 공격의 승리.

43도

백 1 등으로 버틴다면 상방의 백을 어떻게 공격할까.

혹 백을 딸 수 있다면, 혹 쾌승이겠지만 하수에게 공격받아 크게 책상다리를 하고 살아남는다고 하면 큰일. 흑선, 상방의 백을 어떻게 괴롭히느냐?

바로 그것이 사활문제로 항을 달리하여 이야기하자.

43도

나의 바둑 인생 그 출발점 ④

그 할아버지는 빨리 두는 것만이 장점이라고 할 정도로, 내가 잠시라도 생각하고 있으면 또야, 또야 하며 바둑판 옆을 쥐고 있는 돌로 두들기는 것이다. 싫어도 보조를 맞추지 않을 수가 없다. 매일 20국 이상이나 두 사람이 두고 있었던 것이다.

네 번을 더 이기면 접바둑의 돌을 하나 덜어 주었다. 하나 덜 때마다 1점 강해지는 것을 알고, 그것도 즐거움이 되었다.

놀랍게도 1개월도 지나기 전에 나는 이 할아버지에게서 백을 쥐게 되고, 또한 반대로 놓고 두는 것처럼 되었다. 12, 13급 수가 되었던 것일까?

이 바둑 모임 장소의 주인은 순경이었던 村田義秋 (아마초단)이라는 분이다.

할아버지의 권유로 주인에게 배우게 되었다. 그곳에 있던 鈴木爲次郎 8단이 쓴 접바둑 필승법이라는 책이 나의 유일한 희망이었다. 열심히 그것을 공부하고 필승의 마음 가짐으로 9점국을 두었다.

그렇지만 뛰는자 위에 나는자 있기 마련이다. 마치 바둑도 벌집도 못되는 참패였다.

그래도 어딘가 가능성이 보였던 것일까, 숙직하는 날, 3일에 한 번씩 가르쳐 주겠다는 것이다. 게다가 단골 손님들과도 3점 ~ 5점 정도 놓고도 승부가 될 정도가 되고, 점점 나의 바둑열은 높아져 갔다.

제5장

돌의 사활

돌의 사활

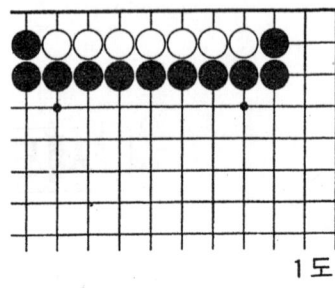

1도

사활문제는 싫어하는 사람이 많은 것 같다.

끝내기도 싫어하는 데다 실전에서의 사활문제가 되면 그 백은 흑선으로 두면 죽일 수 있다. 하고 아무도 가르쳐 주지 않으므로 문제가 되고 있는지도 모른다. 그런 이유로 아깝게 죽일 수 있는 찬스가 있어도 놓쳐버리거나, 더 심하면 죽일 수 있는 돌에 손을 대어 상대에게 '활(活)'을 주는 일은 흔히 볼 수 있다.

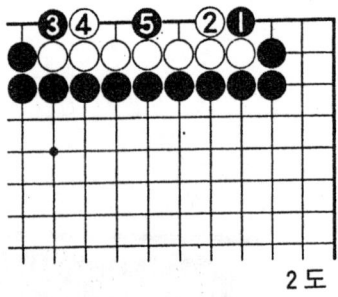

2도

1도

상대를 포위하고 그 포위한 상대의 진지가 적지않은 집이라면 당연히 생이냐 사(死)냐 하는 문제가 생긴다.

이것은 사활의 기본형이 되는 백2선상으로 긴 돌의 거리가 7개면 백은 손을 떼면 죽는다. 통칭 '7사 8생'이라 불리는 것.

그럼 흑선, 어떻게 두어 죽이는 것이 옳을까?

2도

흑1, 3의 젖힘.

금언 '사(死)는 젖힘에 있다'란 이것을 가리킨 말이다.

그리고 제지의 일발이 흑5.

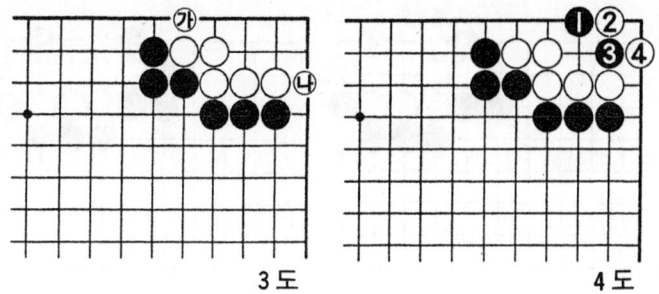

3 도   4 도

이것으로 백사가 되는 것은 초급자라도 알 수 있을 것이다.

문제로서는 이것은 아주 쉬운 문제로 이것을 할 수 없다면 초급자이전이라 해도 도리없을 것이다.

그러나 이 죽이는 방법이 아주 중요한 의미를 가지고 있다는 점에 주의하지 않는 사람이 많다.

즉, 이 죽이는 방법이야말로 사활의 기본이며, 그 진의를 아는 것이 사활에 강해지는 것이 된다.

〈돌의 사활의 기본〉

상대의 돌을 죽이는 경우는——

1 집을 작게 할 것(주머니를 좁히는 것이다)

2 안형의 급소, 형의 중심점에 둔다.

자기편이 사는 경우는——

1 집을 크게 할 것(주머니를 넓히는 것이다)

2 2개의 눈이 되는 중심점(급소)에 둔다.

금언 '사는 젖힘에 있다'란 상대의 집의 주머니를 좁히는 것이 첫째라는 것을 가르치고 있는 것이다. 2 도의 흑1, 3은 거기에 맞는 방법이며 좁힐 수 있는 한 좁혀 두고, 흑5로 중심점에 두어 백 사는 이 사활의 기본대

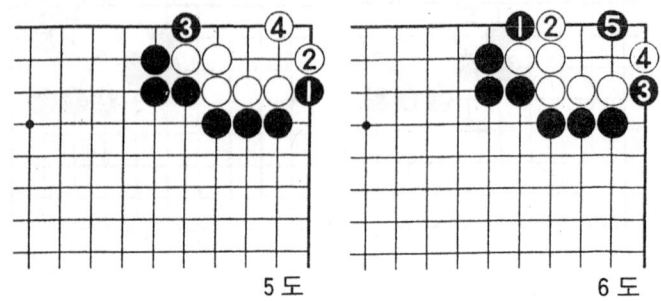

5 도   6 도

로의 방법이었다.

이 기본의 방식이 사활문제를 보았을 때 먼저 최초로 염두해 오지 않으면 안되며, 다음은 수순, 어디서부터 먼저 두느냐는 것이다.

3도(문제)

흑선에서 백을 죽이라.

주머니를 좁히는 수, 즉 젖힘이 흑가, 흑나로 양점 있으며, 이번에는 2도와는 달리 어느쪽을 먼저 두면 같다, 는 것이 아니다.

4도

이런 쉬운 문제라도 제법 상급인 사람이 기본의 방식을 모른다면——

흑1. 어쩐지 죽일 수 있을 듯한 급소라고 해서 이런 수를 두는 일이 많다.

이 흑1은 실패로,

백2의 붙임, 흑3, 백4가 되어 패가 되어 버렸다. 무조건 딸 수 있는 것을 패로 만들어서는 실패이다.

5도

흑1의 젖힘은 수순의 실패이다. 이쪽의 젖힘을 먼저두

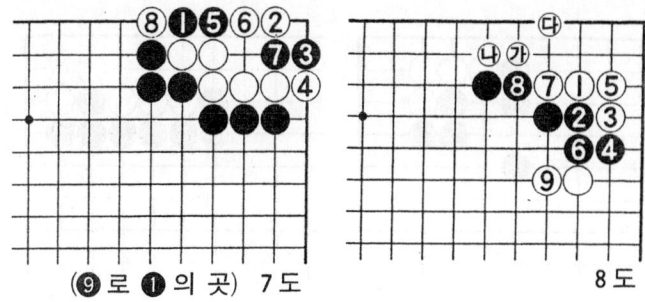

(⑨로 ❶의 곳) 7도

8도

면 백 4 까지 백 살아난다. 어느쪽을 먼저 둘까? 이것은
생사의 분기점도 되는 곳으로 기본방식을 알고 있어도 이
수순전후의 문제가 또 하나 어려운 점이다. 차분히 안정하
고 생각하는 수 밖에 없을 것이다.

6도

흑1. 이것이 정해이다.

백2로 주머니를 최대한 버티어도 흑3 젖힘 제3탄에
서 흑5로 중심점으로 노린 방법. 이것이 '다섯집 속에 수
가 있다'의 사(死)라는 것을 알고 있을 것이다.

그 백2에서——

7도

백2로 변화시켜 보면 어떨까? 흑3 이하, 흑7에서 백
사(死)이다.

백8로 흑2점을 따도 흑9에서 흑1의 점에 두면 백옥
집이 되어 백2에서 그 외에 사. 어떻게 두어도 사(死)가
된다는 것을 확인할 것.

8도(문제)

실전에서 생기기 쉬운 모양이다.

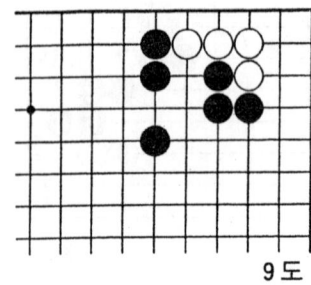 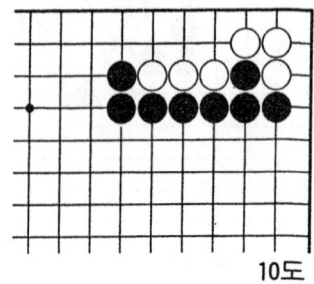

9 도   10 도

백 1 의 3 · 3 들어가기에 흑 8 까지. 백은 귀를 손떼기로 하는 것은 죽게 되어 있다.

그렇지만 실전에서는 이런 백을 쉽게 죽이지 못하는 초급자의 바둑이 많다.

백 9 는 난폭하며 백 9 에서는 백가, 흑나, 백다로 주머니를 넓혀 살리는 것이 선결 문제이다.

흑 10 에서는 어떻게 두면 백을 죽일까?

문제로서는 초급 정도의 수준이다.

흑 1, 백 2, 흑 3 까지 나타내라.

초급문제를 이어서 두 개 더.

9 도 (문제)

흑선. 백을 죽이라.

이것도 흑 1, 백 2, 흑 3 까지 나타내라. 세 문제 모두 같은 요령이다. 8 도에서 정해가 나오면, 9, 10도를 못 할리는 없다.

10 도 (문제)

흑선 백사. 흑 1, 백 2, 흑 3, 백 4, 흑 5 까지 나타낸다.

11 도 (8 도의 답)

흑 1, 3 의 젖혀이음으로 간단히 죽일 수 있다.

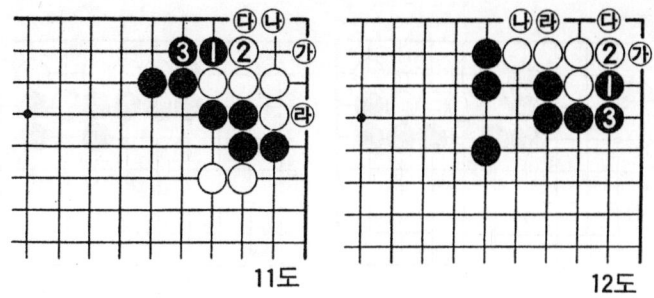

11도　　　　　12도

이 후, 백가 라면 혹나, 백다, 혹라 이다.

그 백가 에서 백나 라면 혹가 이다.

혹1, 3은 기본방식. 상대의 주머니를 조이는 요령에 따른 것이며, 이 방법은 가령 백 사는 수가 있었을 때라도 실전에서는 혹 손해를 보는 일은 없다. 잇점이 많은 곳이다.

12도(9도의 답)

11도의 요령을 파악하면 이것은 곧 알 수 있을 것이다.

그렇다. 혹1, 3의 젖혀이음이다. 그것이 정해이다.

이 후 백가, 혹나, 백다, 혹라 까지.

13도(10도의 답)

혹1 이하 혹5, 이것이 정해.

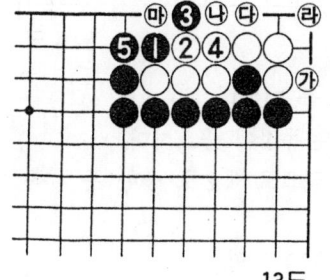

13도

이 후, 백가 라면 혹나, 백다, 혹라, 백마로 혹2점 딴다. 그 후 혹3으로 두어 백을 옥집으로 하여 죽인다.

혹선백사, 해야 할 첫째는 상대의 집을 작게 한다.

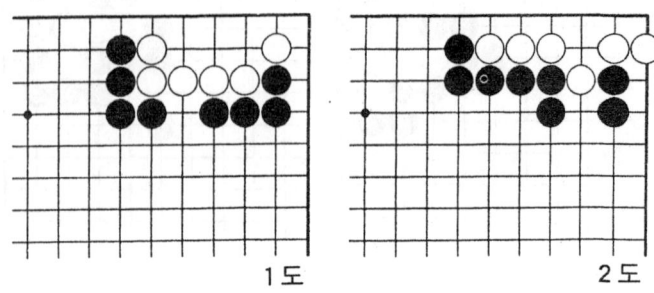

1 도   2 도

초급 끝내기 20문

제1문에서 제10문까지 흑선, 백을 무조건 죽이라.

끝내기의 수단은 좋고 나쁨이 분명하다. 그것은 생이냐 사냐 결과가 나오기 때문이다.

지금까지 끝내기를 보아도 어디서부터 손을 댄 것인지 짐작도 가지 않고, 흥미도 없었던 사람이라도 기본방식을

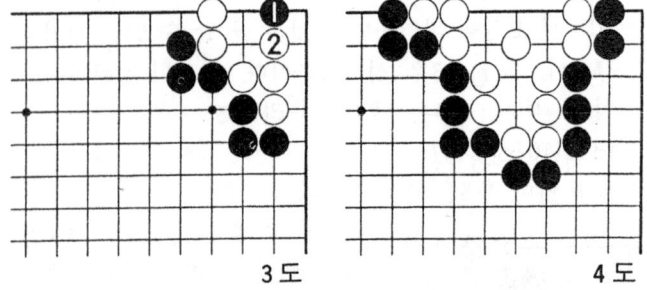

3 도   4 도

알면, '해 볼까' 하는 생각이 들 것이다.

제1, 2문의 문제는 그 기본동작이 중요하다.

제3문은 흑1이 급소의 일격으로 백2로 응한 후, 흑 어떻게 두어 죽이느냐.

제4문은 수단의 제1착에서 백 전멸.

제5문은 언뜻 보기에 백 살아 있는 것 같아도 흑 한 수

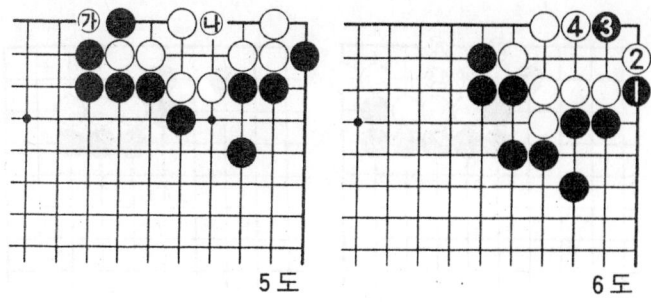

5 도   6 도

로 급소를 찌르면 죽일 수 있다.

혹가는 백 나에서 살아나므로 그것은 흑 실패이다.

제 6 문은 흑 1, 3 으로 두어 백사로 이끄는데,이것으로 백사를 아는 사람은 중급 이상일 것이다.

백 4 에 이어 흑 어떻게 두면 죽일 수 있을까 하는 문제인데 이것은 초단인 사람도 실패할 정도이므로 초급인 사

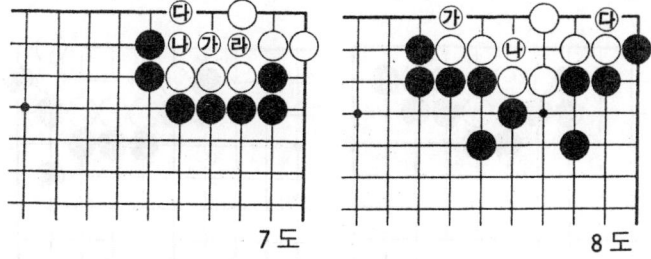

7 도   8 도

람이 못해도 창피한 일이 아니다.

제 7 문은 흑 한 수가 수단에 해당된다.

누구든지 생각할 수 있는 흑가 는 백나, 흑다, 백라에서 살아나며, 흑 실패이다.

제 8 문도 언뜻 보기에 백이 살 것으로 보이는 모양으로, 가령 흑가, 백나로 산다. 또 흑다도 백나에서 백 산다. 그럼 어떻게 해야 백을 죽이는가?

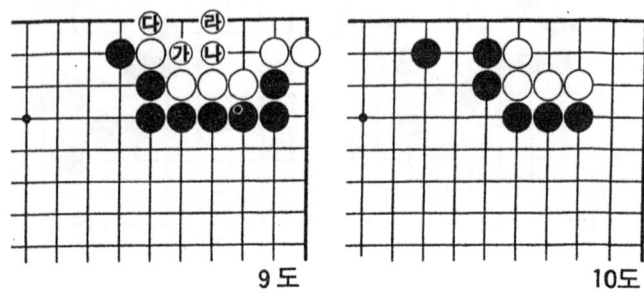

9도   10도

제 9 문. 흑가, 백나, 흑다로 두는 것은 백라에서 백 산다.

흑 한 수가 급소를 찌르지 못하면 안 되는데 좀 난문일 지.

제10문.이것은 죽일 작정이 아니라 끝내기를 둘 기분으로 두어도 죽일 수 있을지도……. 흑 5 수째가 급소의 맥

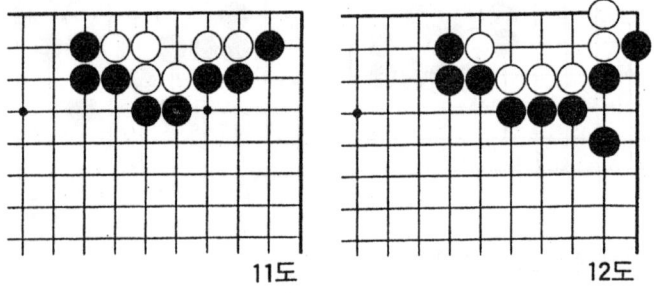

11도   12도

이 된다.

이상, 10문중 5 문을 할 수 있다면 초급 합격점이다.

제11문에서 제20문은 백선에서 백이 사는 수를 분별한 다.

제11문.이것을 할 수 없다면 초급실격이다. 한수로 정해.

제12문.이것도 한수만으로 나타내 정해로 한다. '집 속

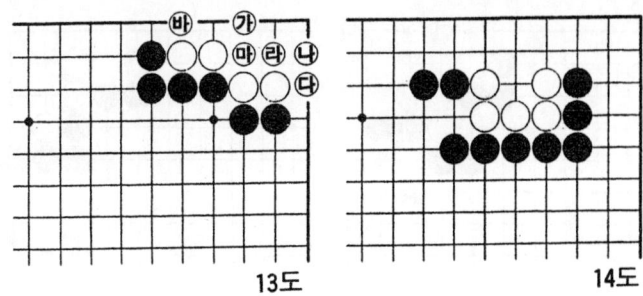

13도   14도

의 수’의 형이 되지 않도록 주의한다.

　이들 문제는 보다 많은 문제에 도전하여야 눈에 익숙해
질 것이다.

　제13문. 실패하기 쉬운 문제이다.

　백가는 흑나, 백다, 흑라, 백마, 흑바에서 사이다.
또 수순중 백다에서 백라는 흑다로 두게 하여 패가 된

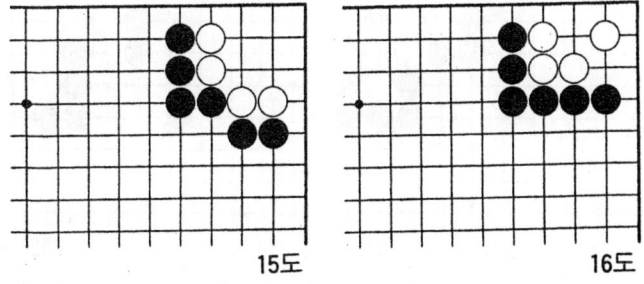

15도   16도

다.

　또 백 한수를 가의 일로 우로 두는 것도 흑으로의 젖힘
에서 사(死)가 된다는 것을 확인하라.

　제14문. 앞문제에 비해 이것은 쉽다. 문제의 열쇠는 주
머니를 넓히느냐, 중심점에 두느냐로 그 어느쪽이 옳은가
이다.

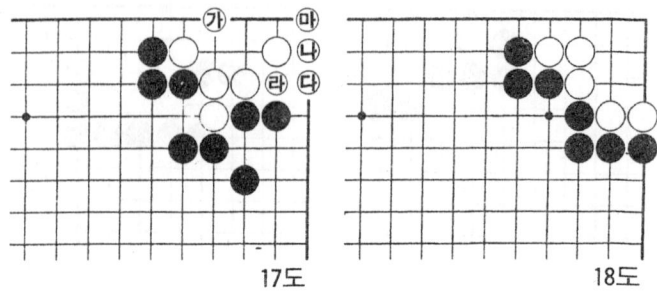

17도   18도

제 15문. 백선 사는 수는, 가장 좋은 곳.

제 16문. 백선 사는 다음의 한 수는?

이런 것은 이 그림을 본 순간 이것이로구나, 하고 바로 알아차리지 않으면 안된다.

제 17문. 어렵다고 생각하면 어렵다. 백**가**는 흑**나**, 백**다**, 흑**라**, 백**마**. 이 형은 제 5 문과 마찬가지로 흑선백사.

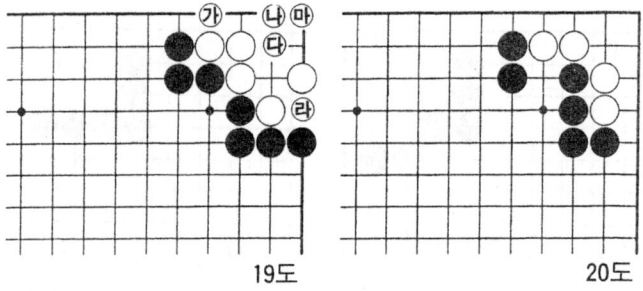

19도   20도

제18문. 백선 살아나기에 좋은 곳. 어느것이 모양이 좋은 곳일까? 이다.

제 19문. 백**가**로 주머니를 넓히는 것은 흑**나**, 백**다**, 흑**라**에서 백사이다. 백**마**로 두어 패와 같이 보인다.

제20문. 백 한 수가 이 한 수 외에 없는 수이다.

이상 사는 문제 10문중 5문제를 할 수 있으면 초급합격. 모두 20문중 10문제를 할 수 있느냐이다.

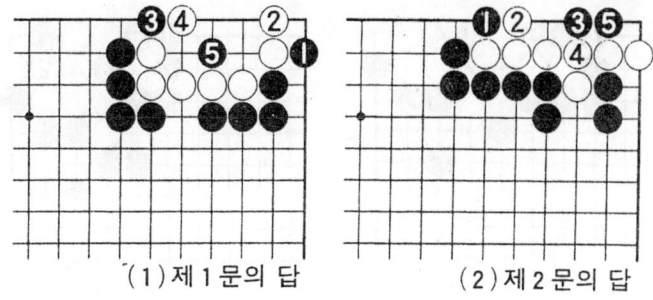

(1) 제 1 문의 답   (2) 제 2 문의 답

초급 끝내기 20문의 답

(1) 흑1, 3으로 수순이 틀리지 않게 주의하여 흑5의 '다섯집 속의 수'의 사.

(2) 흑1로 젖힘을 먼저 두고나서, 흑3, 5로 죽인다. 백4에서 백5라면 흑4, 백6으로 흑2점을 따도 딴 자리에 흑4를 두어 옥집을 만든다.

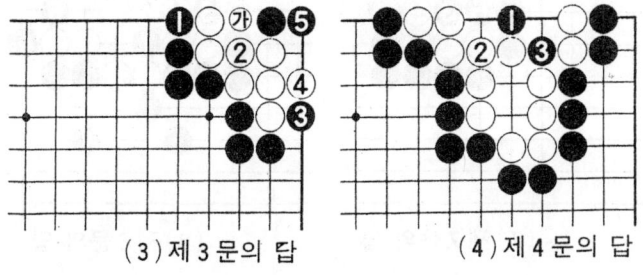

(3) 제 3 문의 답   (4) 제 4 문의 답

(3) 흑1로 주위부터 시작해 '백2를 생략하면 흑2' 흑3, 5에서 백사. 흑1에서 흑가로도 죽일 수 있으나 좀 까다로운 것이 난점.

(4) 흑1. 맥의 일발.

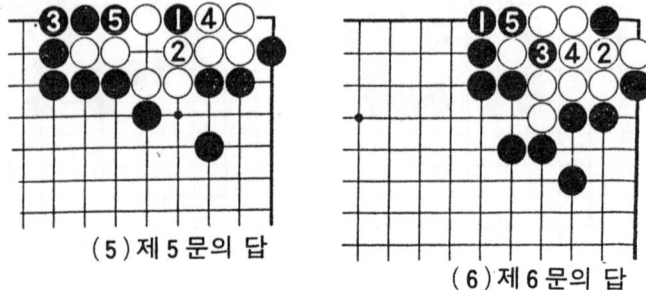

(5) 제 5 문의 답

(6) 제 6 문의 답

(5) 흑1. 맥의 일발. 백2에서 2집이 생긴 것으로 착각할 것 같다. 흑3이 교묘하다.

(6) 흑1로 주위에서 차분하게 죽여 간다. 흑1에서 흑2는 백4에서 살아나게 된다.

또 백2에서 백5로 두는 것은 흑4, 백3, 흑2로 '3집 속의 수'의 사형이다.

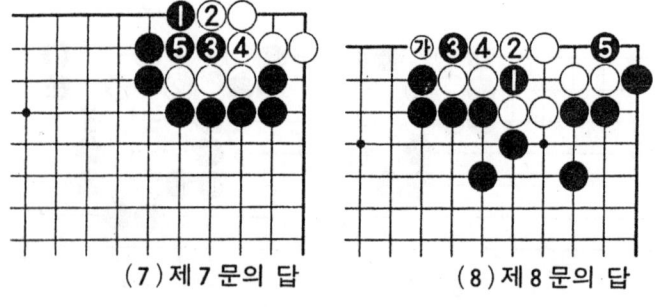

(7) 제 7 문의 답

(8) 제 8 문의 답

(7) 흑1. 맥의 마늘모. 백2에서 백5라면 흑2에서 백사이다.

(8) 흑1로 필살(必殺)의 사석(捨石)을 줌으로써 백사(死)로 이끌 수 있다. 또한 흑3에서 흑가로 둘 수 있는 사람은 상급자.

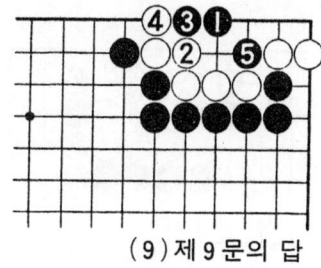

(9) 제 9 문의 답

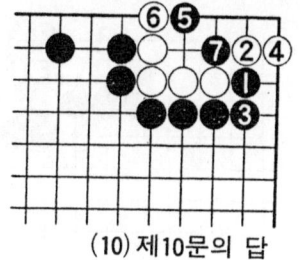

(10) 제10문의 답

　(9) 흑1이 맥점의 존재로, 백2에서 백3이라도 흑5에서 백사. 흑3, 5의 수순.

　(10) 흑1 이하 백4. 당연하게 흑5가 맥이다.

　(11) 이제부터 10문제는 백선, 살기 위한 해답.
　백1 이외에 없다.

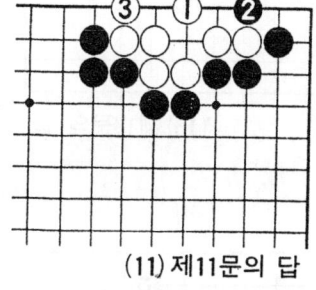

(11) 제11문의 답

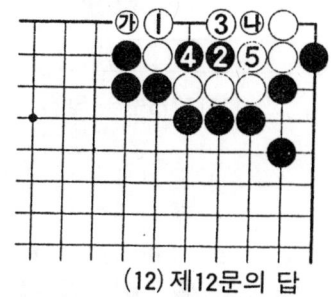

(12) 제12문의 답

　(12) 백1을 '모양의 삶'이라 부른다. 벗과 닮았다는데서 나온 말이다. 흑2에서 흑3이라면 백2, 흑가, 백나로 산다.

　(13) 백1로 두고 산다. 흑2에는 백3으로 둔다.

　(14) 이것은 또 백1의 눈 모양의 한 수로 흑2라면 백3이며, 흑2에서 흑3쪽이라면 백2로 두어 살게 되어 있다.

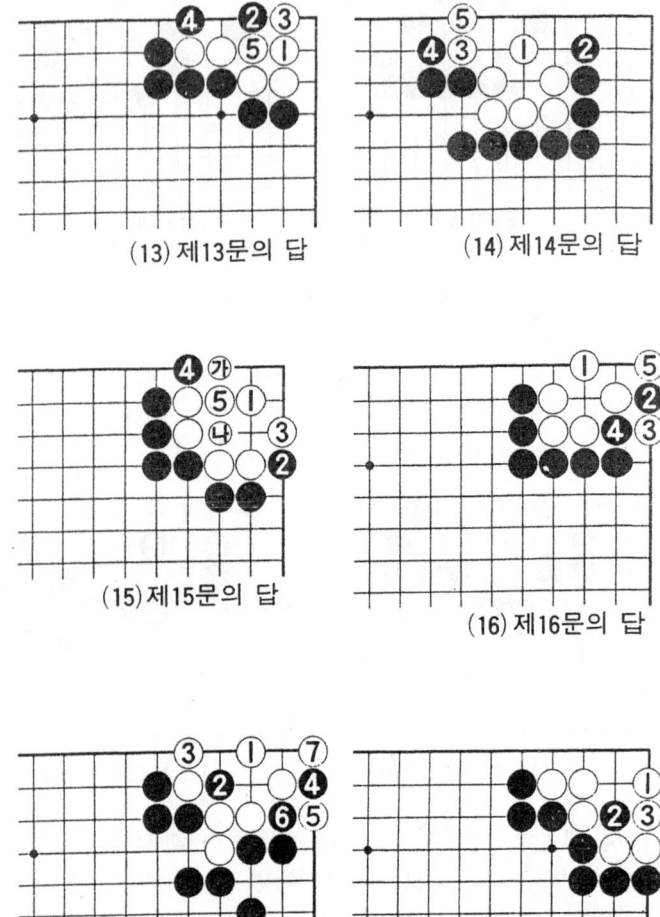

(13) 제13문의 답

(14) 제14문의 답

(15) 제15문의 답

(16) 제16문의 답

(17) 제17문의 답

(18) 제18문의 답

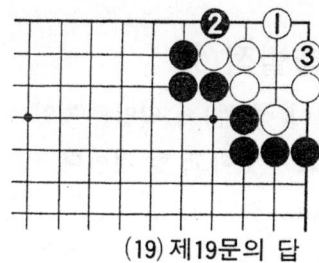
(19) 제19문의 답

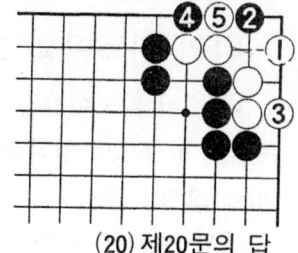
(20) 제20문의 답

(15) 백1 이 이 모양의 중심으로 살 수 있다.

주의는 백5로, 자칫 백가로 누르면 흑나의 양단수가 있다.

(16) 백1로 눈모양의 한 수가 정해. 흑2 이하 백5로 산다.

(17) 백1이 교묘하다. 흑2의 끊음에 백3으로 두는 수가 있었다. 흑4 이하도 백7까지 살게 되어 있다.

(18) 백1. 이곳이 모양의 급소로, 흑2에 백3으로 더 할말없이 살게 되어 있다.

(19) 백1. 이것은 조금 어려웠을 것이다. 이 수는 발견하기 어렵다. 흑2, 백3이 균형점으로 살아 있다.

(20) 정해는 백1.

백1을 백2쪽으로 두면 흑1의 존재로 죽는다는 것을 살펴보라.

나의 바둑인생 그 출발점⑤

나는 이 바둑이라는 게임이 성(性)에 맞았던 것일까. 연일, 밤낮으로 침식을 잊고 두었다고 할 것이다. 그 밖에 오락이 없었던 탓도 있을 것이다. 1일평균 20국, 1개월 600국. 이것이 1년 간 계속된 것이다. 무슨 일이든 이렇게 집중적으로 하면 숙달할 수 있다는 것을 실증한 것이다. 승률은 6할 정도였으나 확실히 한달에 1급씩 상승해 갔다. 당시 나의 상대를 해 준 사람들도 지금은 모두 70, 80대가 되었을 것이다. 이 책을 읽고 이야기해 준다면 그리운 추억담으로 이야기꽃을 피울텐데…….

바둑을 시작한지 꼭 1년째, 1943년 여름이다. 나는 1급이 되어 있었다. 大森의 작은 바둑회로 오는 사람들은 모두 내게 오게 되었다. 조금 발을 뻗어 薄田와 大井町의 바둑회로 가도 잘 두는 사람은 좀처럼 드물었다. 전쟁은 점점 격화되었으나 바둑회는 어디를 가더라도 특히 밤에는 만원성황이었다.

처음부터 나를 이끌어 준 아마츄어 초단의 村田義秋氏는 '우물안 개구리'가 되어서는 안된다고 강한 사람이 많이 오는 新橋駅前의 빌딩에 있는 도오쿄오 바둑회관으로 안내해 준 것이다.

보장(補章)

포석의 기초지식

● 포석의 기초지식에 대하여

포석에는 '귀가 크다' 라든가, 변은 제 3 선, 제 4 선 단수(單手)를 중시한다고 하는 기초적인 사고방식이 있다.

그러한 기초지식으로써 들여다보면 상당히 어렵게 생각되는 포석도 의외로 쉽게 들어갈 것이다. 그래서 이 장(章)에서는 그러한 문제에 대하여 간단히 다루어둔다.

포석은 전술한 바와 같이 싸움에 들어가는 준비단계이다. 어떻게 배치해두면 싸움이 유리하게 이끌어질까를 생각하는 것에서 시작한다.

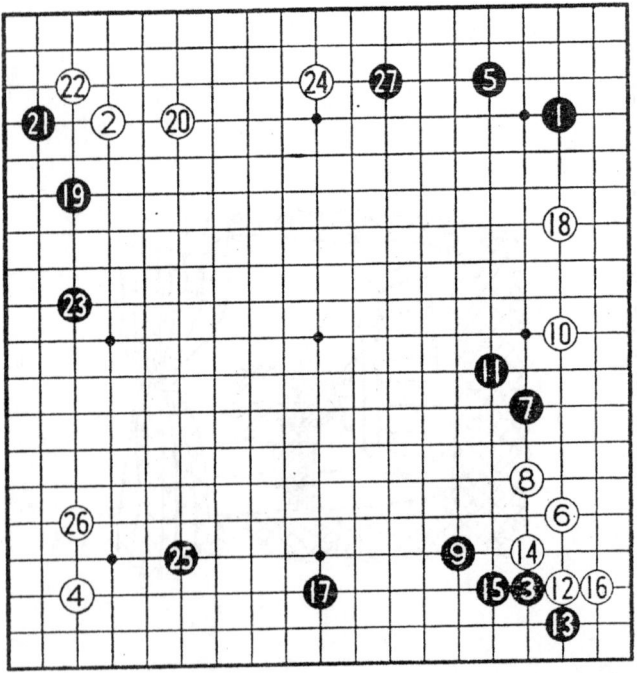

1 도

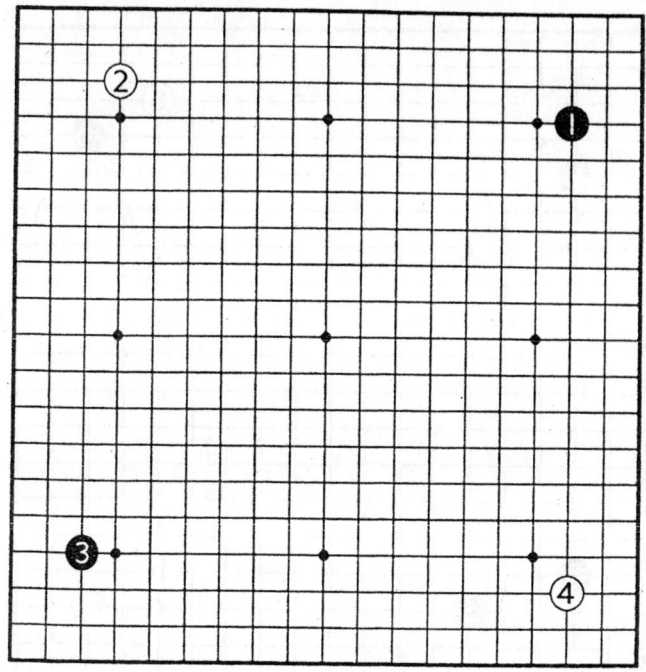

2 도

1. 포석의 3 원칙

맞바둑의 경우 포석에서 가장 기본이 되는 것이 3 원칙
이다.

(1) 빈 귀

(2) 굳히기와 걸침

(3) 큰 곳

요컨대 바둑을 두기 시작함에 있어 알아두지 않으면 안
되는 것이 이것이다.

(1)의 빈 귀는 먼저 비어있는 귀에 놓도록 시사하고 있
다.

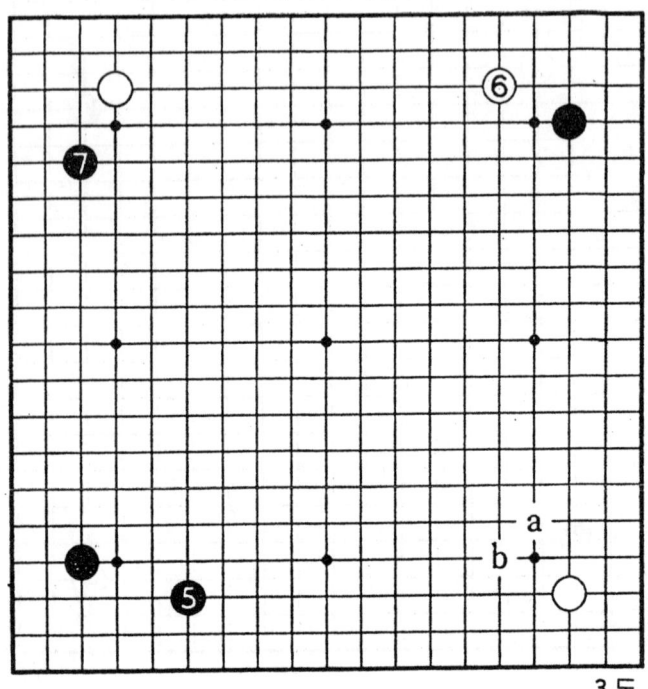

3 도

2 도 (빈 귀)

혹 1 · 3 이 소목, 백 2 가 소목이며 4 가 3 · 3 이다. 이것은 화점(星)이라도, 혹은 고목(高目), 외목이라도 괜찮다. 어쨋든 비어있는 귀를 차지할 것을 권하고 있다.

다음으로 (2)에 대하여.

3 도 (굳히기와 걸침)

혹 5 가 굳히기, 백 6, 혹 7 은 모두 걸침이다.

굳히기와 걸침은 동격으로 혹 5 로 7 에 걸쳐가도 괜찮다.

단, 우하귀의 3 · 3 의 경우, 또는 화점두기의 경우가

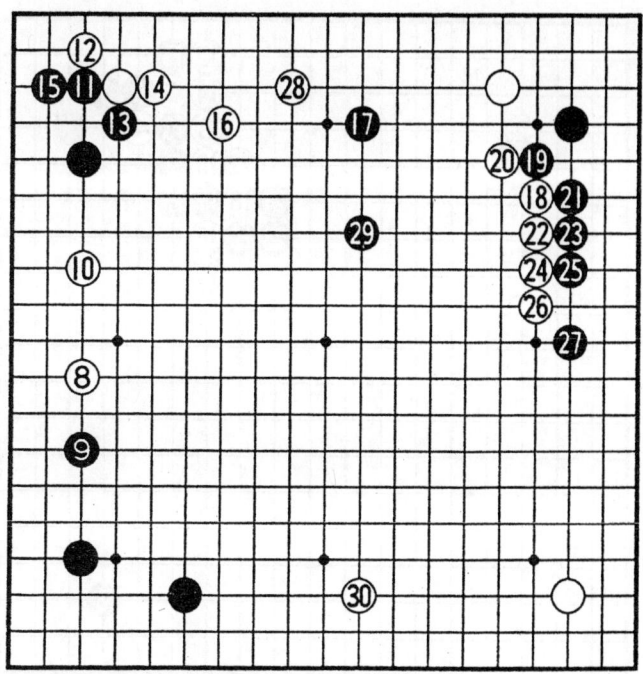

4 도

되면 소목과 같은 굳히기와 걸침은 없으므로 서두르지 않는 것이 보통이다.

이 3원칙에서 말하는 굳히기란 두 수로 귀를 확보하는 방법을 말한다. 이것이 끝나면 다음은 (3)의 큰 곳.

4 도 (정석과 큰 곳)

귀에서의 돌의 접촉은 굳힘, 걸침에 선행하는 경우도 있다. 물론 큰 곳보다도 선행해도 이상하지 않다.

큰 곳이란 문자 그대로 커다란 장소의 의미.

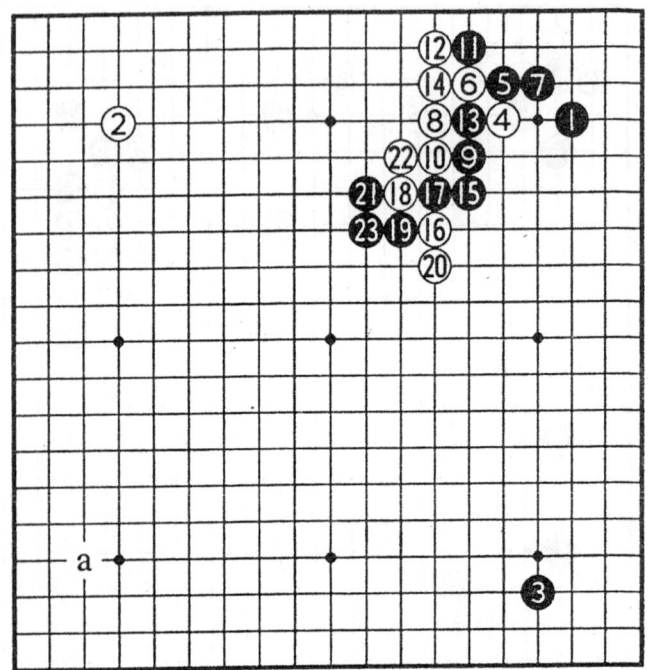

5도

백 8이 큰 곳이다. 흑 9도, 10도 똑같다. 단, 백 10의 경우는 위의 흑을 협공하고 있는 의미도 있어서 정석(백 10에서 16까지)의 영역에 들어가는 수인지도 모른다.

포석은 대개 이 3원칙이 중심이 되어 진행되는 것이다. 그러나 예외는 있다.

5도(예외)

흑 5에서 a가 빈귀라면 수책류(秀策流)의 포석. 그것은 5로 붙여, 이하 23까지 격렬한 싸움으로 돌입하였다.

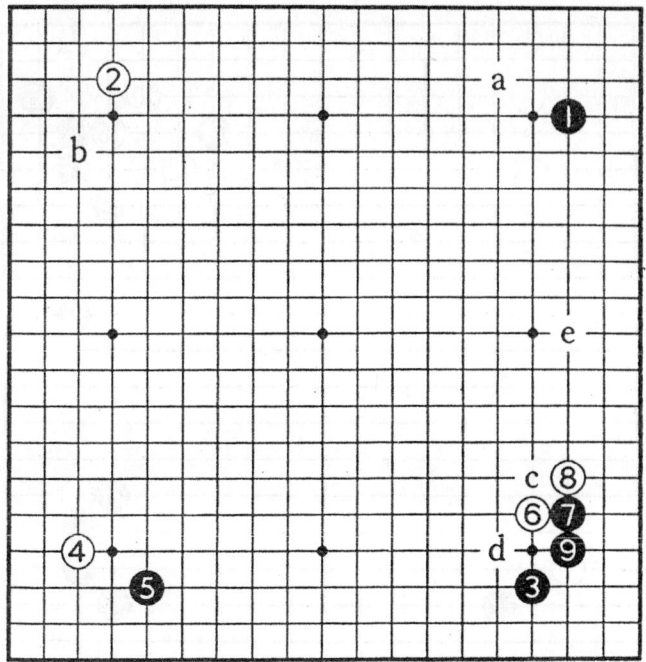

1 도

2. 포석과 정석

정석은 귀에서 흑백쌍방이 최선을 다해서 생기는 변화.

바둑에서는 특히 포석단계에서는 귀가 중시된다. 거기서 자주 흑백의 돌의 접촉이 일어난다. 구체례를 들어보면,

1도(돌의 접촉)

흑1에서 백4까지는 원칙에 따른 빈 귀를 걸친 다음 흑5로 걸치고, 백도 6으로 걸쳤다. 그런데 흑은 여기서 a

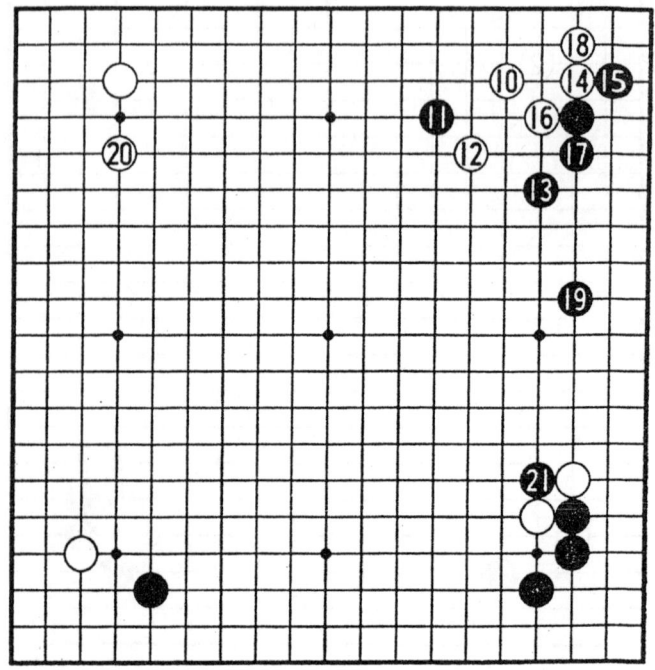

2 도

의 굳힘이나 b의 걸침이 남아있음에도 불구하고 7로 붙여
간 것이다. 이 접촉으로 생기는 변화가 정석이다. 흑7·
9는 이 귀를 흑집으로 하려고 의도한 것이다. 흑9에 이
어서 백c, 흑d, 백e가 보통의 정석인데 백은 손을 빼고,

2 도 (정석의 일단락)

10의 걸침에 선착했다. 흑11 이하 19까지가 역시 정석
이다. 일단락된 점에서 백20의 굳힘으로 끝났다.

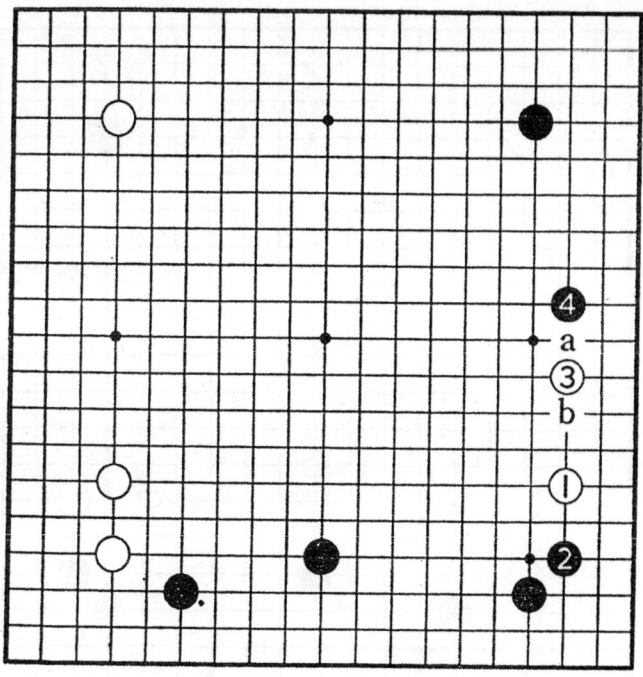

1 도

3. 벌림과 메움

변의 벌림은 대체로 제 3 선이나 제 4 선에서 행해진다.

1 도(두 칸 벌림)

백 1 로 눈목자에 걸쳐 흑 2 에 백 3 으로 벌린다. 이것은 정석이다. 이 백 1 · 3 은 모두 제 3 선. 제 3 선의 경우는 단독으로 벌리는데 두 칸 벌림이 보통이다.

백 3 을 a 까지 욕심내면 바로 흑이 b 로 뛰어들어 곤란할 것이다.

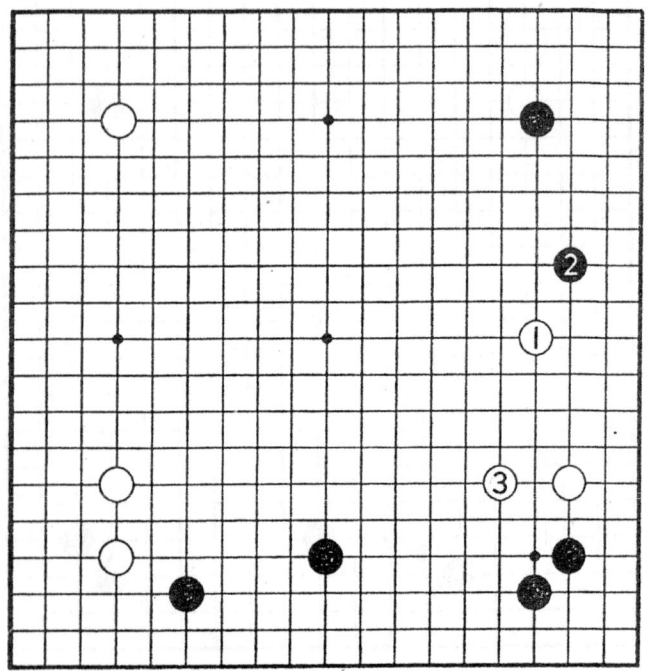

2 도

단, 혹 4의 메움이 냉정하다. 하는 수 없지만 메워지면 백은 답답하다.

요컨대 메우는 경우는 혹 4와 같이 꽉 메우는 것이 정착 (正着)이 되는 경우가 많다. 또 4는 백으로의 공격을 보는 것만이 아니라 우상방(右上方)에 모양을 만드는 의미도 함께 갖고 있는 것이다.

2 도(큰 눈목자)

1 도가 싫으면 백 1로 큰 눈목자로 벌릴 수도 있다. 단, 제 4 선에 두어 백 3의 뜀이 필요하다.

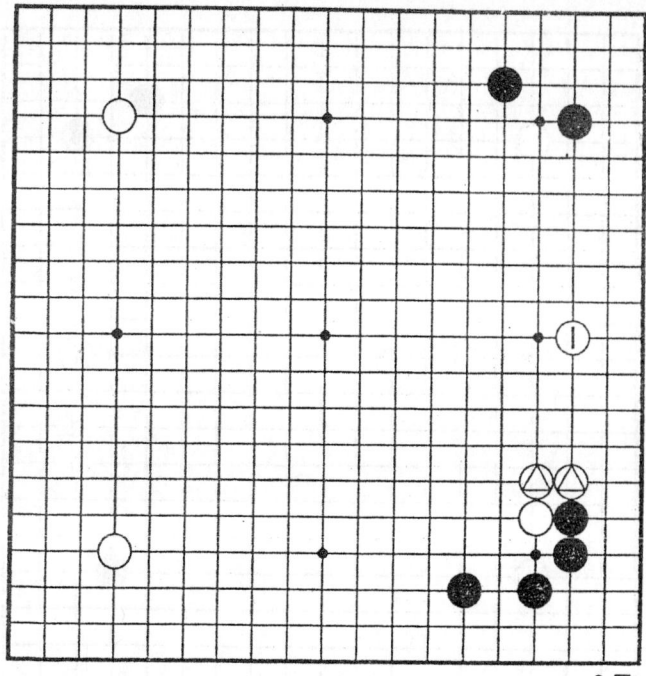

3 도

3도 (2립 3석)

똑같이 벌리는 것이라도 돌의 세력에 따라서 다소 차이
가 난다. 예를 들어 이 그림과 같이 백△가 병립해 있는
것과 같은 곳에서는 세 칸으로 벌리는 것이 원칙이다.

즉 백1이 정착이다. 2개의 돌이 병립해 있는 곳에서
세 칸으로 벌린다─고 하므로 흔히 '2립3석'이라 부르
고 있다.

이것을 확대 해석하면 '3립4석'이라는 것이 되는데,
실전에서는 3립이라도 3석으로 참는 편이 좋은 경우도
있다.

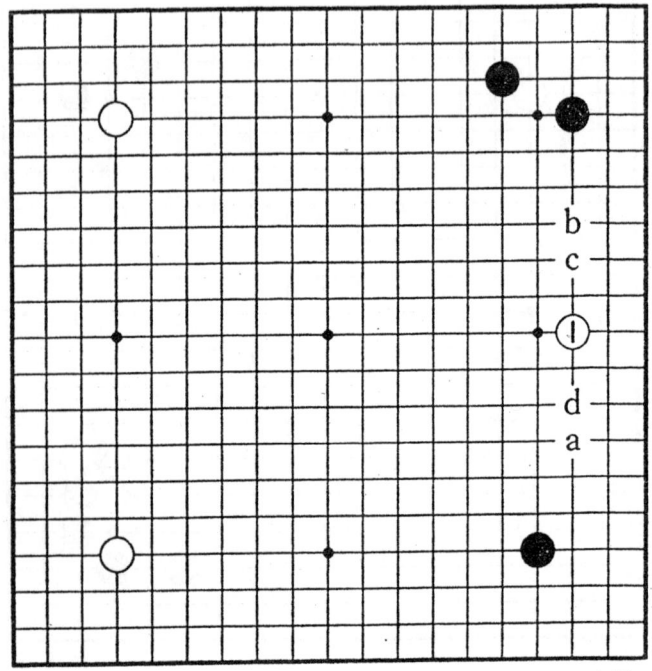

1 도

4. 가르기

포석에서는 '가르기'라는 수법이 많이 사용된다.

1도(기본형)

이 백1이 그것이다. 백1은 a로도 b로도 두칸 벌릴 수 있다. 즉, 백1에 대해서 흑c로 메워 벌려오면 백a, 또흑 d로 메워 벌려오면 백b로 두 칸 벌릴 수 있다.

가르기는 많은 경우 제3선에 놓는 것이 보통이다.

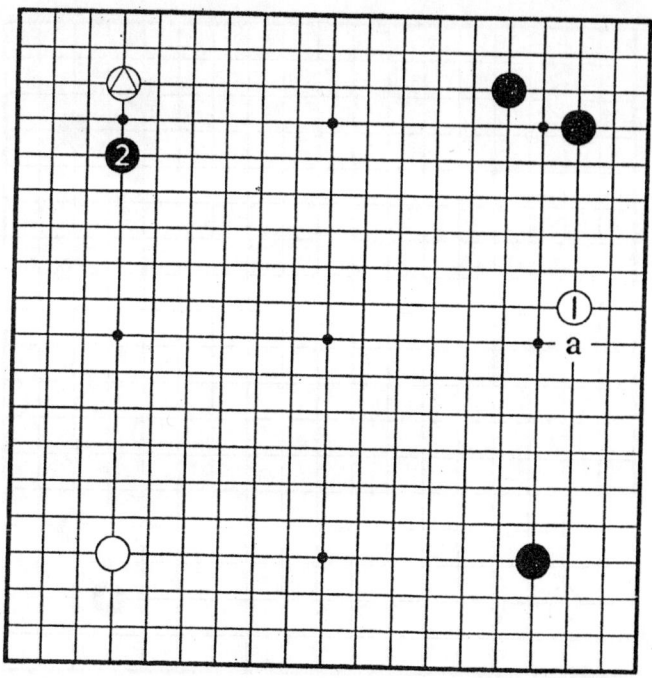

2 도

2도(굳힘과 동격)

3 원칙에서 보면 굳힘과 걸침은 빈귀에 다음 가는 급한 곳이라 볼 수 있다.

그러나 상황에 따라서는 굳힘과 걸침을 동격으로 볼 수 있는 착수도 있다.

이 백1의 가르기 (백a도 있다)가 그것이다.

물론 백1에서 2로 굳힐 수도 있으나, 흑a로 대비할 것을 피하여 1(또는 a)로 가르기를 우선시키는 것은 있을 수 있다.

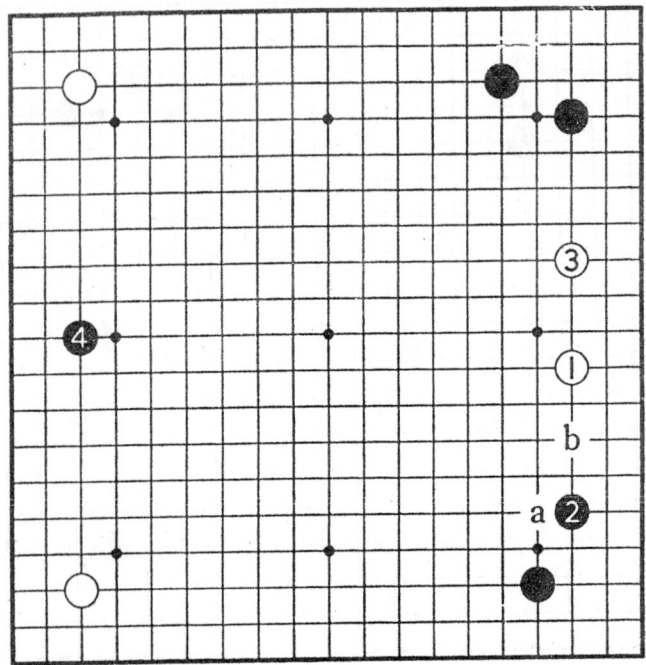

3 도

백이 군힘을 생략하고 가르기를 먼저 했으므로 흑2로
걸치게 될 것이다.

3 도 (실전례)

포석이 이른 시기라도, 가르기가 이어지는 일이 있다.

이 백 1 이 그것이다. 이것으로 (또는 a) 걸치면 보통인
데 천천히 두려고 하는 경우에 종종 사용된다. 흑2에서
b까지 메우면 나중에 백2의 뛰어들어감이 남으므로 재미
없다.

흑4도 양3 · 3에 대한 가르기이다.

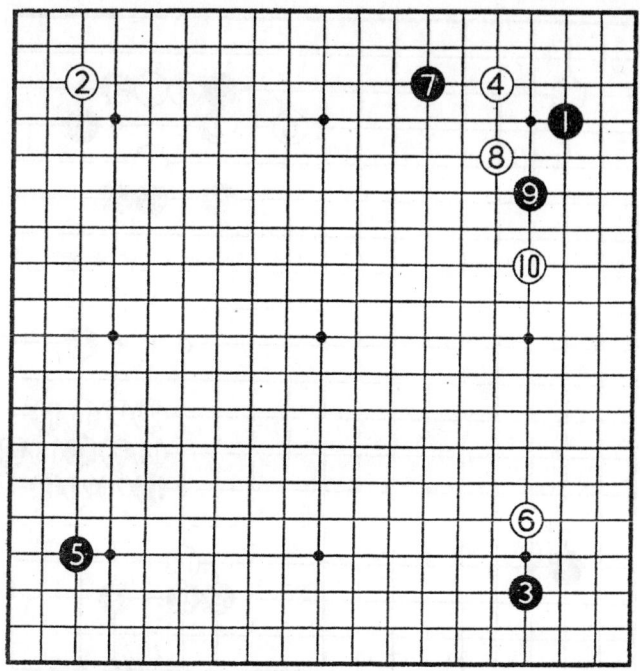

1 도

5. 현대포석

1 도 (한 칸 협공)

그럼 지금 하나 현대판을 들어 본다.

흑 1 · 3 · 5 는 예에 따른 秀策流.

백은 2 가 3 · 3, 6 이 한 칸 높은 걸침이다. 여기서 흑 7 로 한 칸에 강력하게 협공해 왔다. 이것도 근대전법 의 하나이다. 백 8 의 뜀에서 10, 계속해서 다음——

2 도 (흑의 작전에 의문)

흑 1 로 밀어올리고 백 2 이하 6 까지로 변화하였다.

이 바둑은 제 3 기 명인전에서 필자(백)가 林海峯 명인

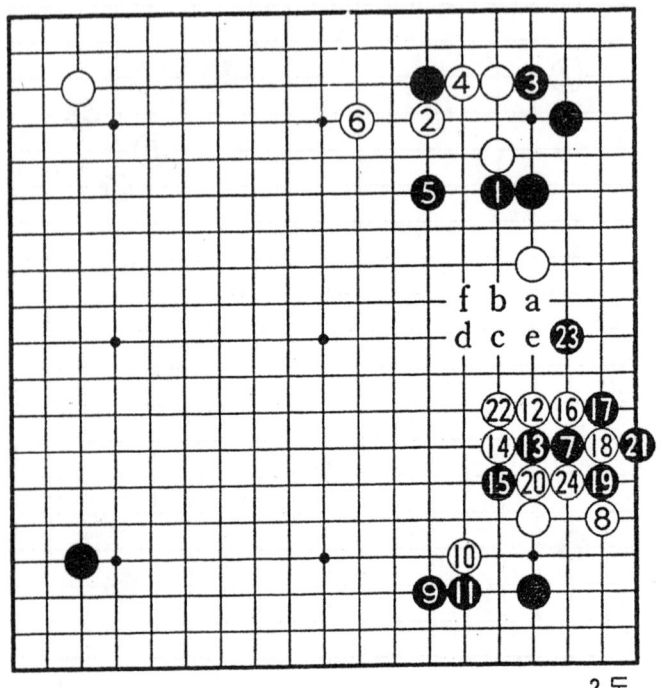

2 도

에게 도전했던 제3국.

흑1·5로 여기서 머리를 내민 것은 상변을 백에게 주고 7로 협공해 가려는 작전이다.

백8은 최강의 버팀. 흑9에 백10이 사소한 수로 12의 걸침으로 흑이 어려워진다. 흑7에서 12로 높이 협공하는 편이 좋았을 것 같다.

흑15에 백16이 맥. 이렇게 되면 흑17의 젖힘 이하 백24까지는 거의 한 길. 이 후 흑a, 백b, 흑c, 백d, 흑e, 백f가 되는데 점점 백의 세력이 더해진다.

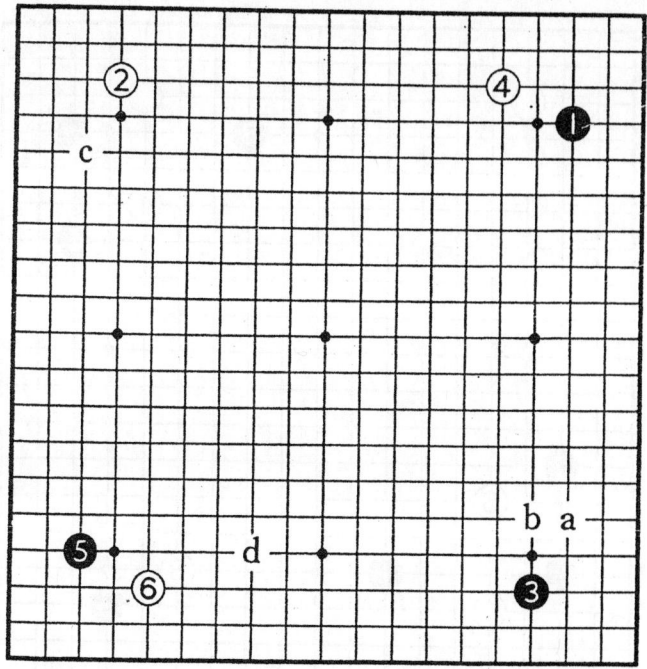

기본도

기본도

흑1·3·5는 秀策流. 여기서 백a나 b로 걸치는 것이 지금까지의 패턴이었다.

그러나 백6으로 좌하의 흑에 걸쳐 오는 것도 성립한다.

이 형에서 다음으로 주목되는 것이 흑b의 굳힘, 또는 흑 c의 걸침이다. 물론 그것도 있다. 그러나 흑d의 협공에서 부터 행동을 일으켜 b와 c를 대립하게 해두는 것도 한 방법이다.

다음에 그 실전례를 나타내 둔다.

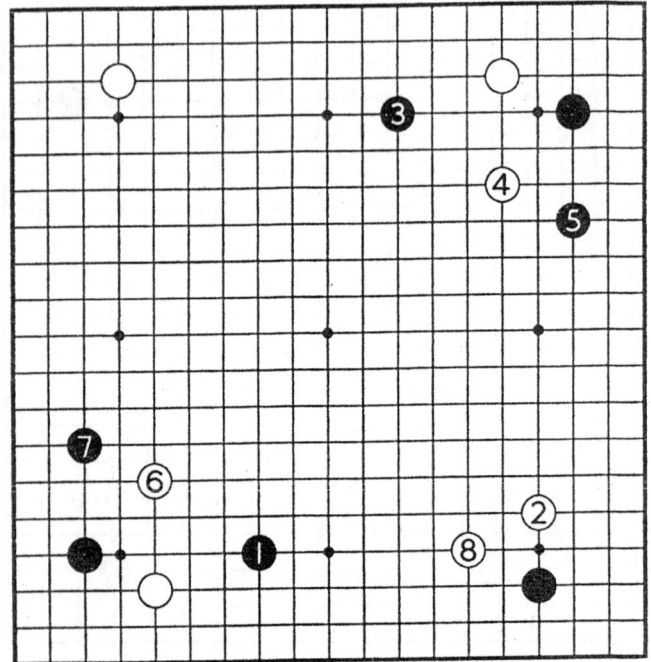

1 도

1 도 (실전례)

이 바둑은 제4기 기성전의 최고기사 결정전 결승전에서 林海峯 9단(흑)과 맞섰던 초반전이다.

흑1로 협공하고 백의 응수를 살펴 왔다.

거기서 흑의 주문을 피해 백2로 걸쳐 보았다. 이것에 대해 흑도 손을 빼3의 협공으로 전향하였다. 쌍방이 허허실실의 임기응변책이다. 그후 백4의 뜀에서 6, 그리고 8의 걸침으로 돌렸다. 다음,

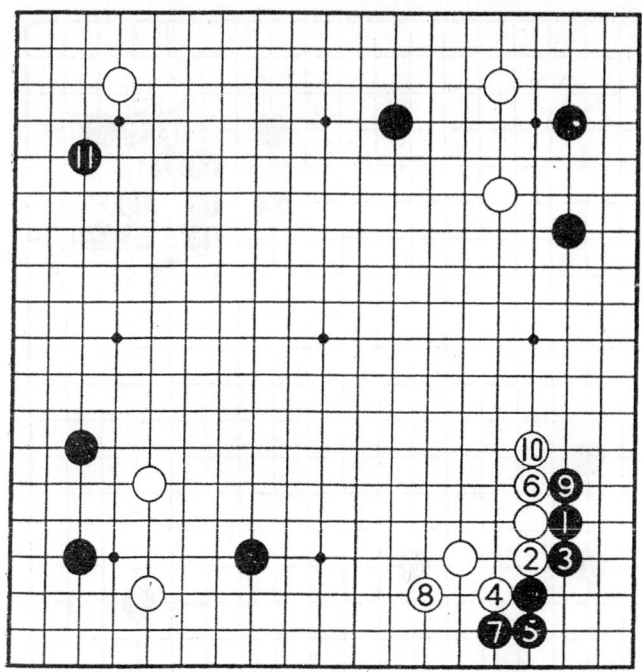

2 도

2 도(백은 세력으로 대항)

이 상황에서 촛점은 우하귀를 어떻게 마무리하는가 하는 점으로 좌상귀는 백 11 로 굳히느냐, 혹이 11 로 걸치느냐 하는 것에 있다.

흑 1 로 붙이고, 귀의 실리에 중점을 두게 되었다.

이것에 대해 백 2 · 4 로 들이닥치고, 이하 10 까지 두터운 맛으로 응전한다.

결국 흑이 11 에 선착하였는데, 우하쪽의 백의 세력도 무시할 수 없다. 이제부터의 바둑일 것이다.

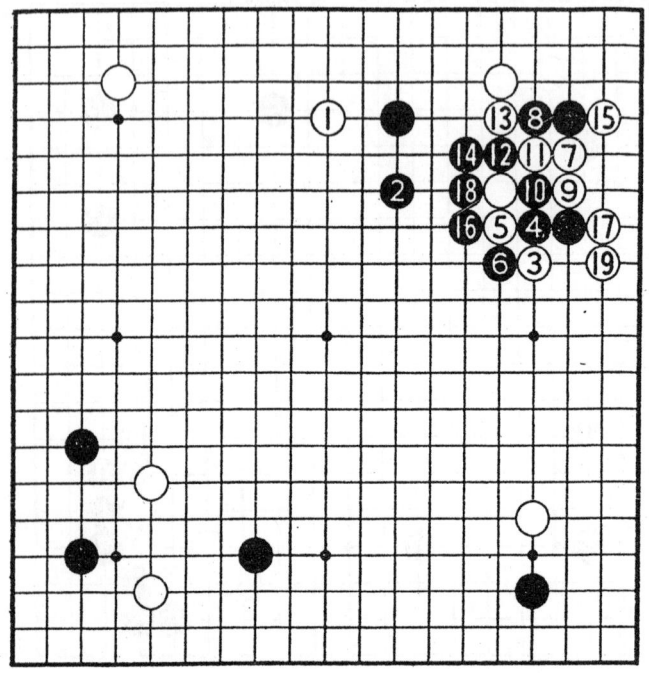

3 도

3 도 (백의 별법)

1도 백8에서 1로 협공해 가는 수도 생각할수 있다. 흑2 이하 백19까지는 비교적 어려운 정석으로 백의 실리, 흑의 세력의 판가름이 된다.

◇연구의 포인트

(1) 흑의 세 귀에 선착. 재빨리 포석한다.

(2) 현대 바둑에서는 마늘모보다도 협공이 많이 사용된다. 공제를 내기 위한 적극 전법이다.

(3) 백도 3·3, 화점 등을 차지하는 수법을 많이 볼 수 있다.

전적표(戰績表)

월 일	대국자(対局者)	집 수	승 패

이긴 수   진 수   승률

전적표(戰績表)

월 일	대국자(対局者)	집 수	승 패

이긴 수   진 수   승률

전적표(戰績表)

월 일	대국자(対局者)	집 수	승 패

이긴 수   진 수   승률

전적표(戰績表)

월 일	대국자(対局者)	집 수	승 패

이긴 수   진 수   승률

판 권
본사
소 유

33. 초보자를 위한 기본레슨

2013년 10월 15일 인쇄
2013년 10월 30일 펴냄

옮긴이/ 프로바둑연구회
펴낸이/ 최　상　일
펴낸곳/ 태 을 출 판 사
서울특별시 중구 신당6동 52-107 (동아빌딩내)
등록/1973년 1월 10일(제4-10호)

■주문 및 연락처

우편번호 １００-４５６
서울특별시 중구 신당6동 52-107 (동아빌딩 내)
전화 / 2237-5577 팩스 / 2233-6166
ISBN 89-493-0349-3　　　　13690